ECCE HOMO.

A PARIS.

Chez les Directeurs de l'imprimerie du Cercle Social, rue du Théâtre - François, n°. 4.

1792.
L'AN 4°. DE LA LIBERTÉ.

Mystères du royaume de Dieu, vous êtes moins inexprimables que les mystères du royaume des hommes.

L'homme de desir, p. 29.

ECCE HOMO.

I.

Lorsque dans le champ des sciences exactes et naturelles nous recueillons quelques axiomes, nous ne nous demandons pas pourquoi ils sont vrais ; nous sentons qu'ils portent la réponse avec eux-mêmes.

Comment le sentons-nous ? ce n'est que par le rapport et la convenance qui se trouvent entre la justesse de ces axiomes, et l'étincelle de vérité qui brille dans notre conception. Ce sont comme deux rayons d'un même flambeau, qui

sembloient être éloignés l'un de l'autre, qui se réunissent par leur analogie, et qui, en se pénétrant mutuellement, se rendent réciproquement plus sensibles et leur chaleur et leur clarté.

Qu'ensuite nous fassions usage ou non des vérités que ces axiomes partiels nous ont apprises, cela peut être important pour notre utilité, mais non pour l'existence de ces deux élémens radicaux que nous venons de reconnoître, savoir la justesse de l'axiome et l'étincelle de notre conception. L'une et l'autre s'annoncent comme ayant en elles-mêmes une vie naturelle que rien ne peut empêcher d'être, et ces deux rayons pourroient se séparer de nouveau et ne produire aucun effet, qu'ils n'en conserveroient pas moins leur essence et leur caractère constitutif. C'est ainsi qu'un savant géomètre a beau être plongé dans le sommeil, cela n'empêchera pas que les vérités géométriques n'existent, et qu'il n'en ait en lui la connoissance, et le don d'en faire usage quand l'occasion s'en présentera.

Il y a une philosophie meurtrière qui n'adoptera point ces principes, parce qu'elle ne distingue point, dans les êtres, leur essence d'avec la manifestation actuelle de leurs diverses propriétés, et que ne reconnoissant dans les choses que des résultats ou des modifications, dès que les êtres ne sont plus en action devant ses yeux, ils ne sont plus rien pour elle, et elle condamne hardiment leur existence. Nous voulons seulement avertir de ceci, sans nous arrêter, ceux qui n'en auroient pas connoissance, et les prévenir qu'ils trouveront dans leur être de quoi se défendre de ces objections. Passons outre.

Lorsque l'âme humaine, soit par l'essor qu'elle peut se donner, soit gratuitement, est élevée jusqu'au sentiment intime de l'être universel qui embrasse tout, qui produit tout, enfin jusqu'au sentiment de cet être inconnu que nous appellons Dieu, elle ne cherche pas plus que dans la découverte des axiomes partiels à se rendre compte de cette vérité totale qui la subjugue, ni de la vive jouissance qu'elle lui procure; elle sent que ce grand être ou ce grand axiome est par lui-même, et qu'il y a impossibilité qu'il ne soit pas. Elle sent également en elle dans ce contact divin la réalité de sa propre vie pensante et immortelle. Elle n'a plus besoin de se questionner sur Dieu ni sur elle-même ; et dans la sainte et profonde affection qu'elle éprouve elle se dit avec autant de ravissement que de sécurité : Dieu et l'homme sont des êtres vrais qui peuvent se connoître dans la même lumière, et s'aimer dans le même amour.

Comment a-t-elle le sentiment certain de ces immuables vérités ? Par la même loi qui a manifesté à sa conception la certitude des axiomes partiels : c'est-à-dire, qu'elle sent l'existence inattaquable du principe de son être et la sienne propre, par la convenance et les rapports qui se trouvent entr'eux. Car sans cela la conviction de l'existence de ces deux êtres ne pourroit ni nous frapper, ni se fixer en nous; et si ce feu divin ne rencontroit en notre âme une puissante analogie, il nous traverseroit sans nous laisser de lui aucune trace, ni aucun sentiment.

Que selon la même loi ci-dessus, nous mettions à profit ou non les trésors de vérité que ce contact divin nous fait découvrir, c'est sans doute une chose qui doit avoir la plus grande influence sur nos véritables satisfactions, mais qui n'en a aucune sur l'existence de ces mêmes trésors, ni sur celle de cette portion de nous-mêmes qui se trouve être leur réceptacle. Ainsi la privation de ce sublime sentiment dans les âmes altérées, et tous les déraisonnemens qui en résultent ne peuvent anéantir ni le principe nécessaire et éternel des êtres, ni l'analogie divine que nous avons tous avec lui; car *ce qui est*, un fait existant enfin peut bien être confirmé et appuyé par des signes ou des témoignages extérieurs, mais il ne peut attendre d'eux sa réalité, puisqu'elle leur est antérieure, puisqu'elle en est indépendante, et qu'il l'a porte avec lui-même.

Ce trait de logique naturelle en classant ainsi ces témoignages, n'abolit point leurs privilèges ; car, si *ce qui est*, si un fait enfin peut bien ne pas attendre sa réalité des signes et des témoignages extérieurs, puisqu'elle est antérieure à eux, il n'en est pas moins vrai, dans la région temporelle où nous sommes, que sans leur moyen et sans leur action, cette réalité ne seroit pas manifestée hors d'elle-même, et que l'on peut regarder ces signes et ces témoignages extérieurs, comme étant la déposition indicative du fait qu'ils nous transmettent et la fidèle expression de l'espèce de réalité, ou de l'espèce d'idée qui se peint en eux pour se faire connoître; et c'est cette loi mal approfondie qui a donné lieu à l'erreur des philosophes, en leur faisant confondre le *medium* avec le principe, l'organe de la manifestation avec la source de cette manifestation.

Or, comme nous sentons qu'il n'est pas une réalité qui ne cherche à s'étendre et à remplir sa mesure, nous devons plus que présumer que cette immensité d'objets qui nous environnent a une destination vaste et importante; savoir de servir à promulguer des réalités, chacun selon leur genre et leur classe, ou si l'on veut, de déposer, de témoigner en faveur de *ce qui est*, ou d'un fait quelconque qui a intérêt à se manifester, comme en même tems il doit être utile à notre pensée de connoître ce fait ou cette réalité, et à notre âme de les approcher de soi pour accroître notre existence.

Pour peu qu'on soit familiarisé avec les ouvrages déjà publiés sur ces matières, on reconnoîtra que notre être spirituel et notre être physique ont des facultés relatives à ce but important. En effet, nos organes matériels transmettent à notre âme animale et sensible l'impression des formes et des images de tous les objets qui leur sont présentés, ainsi que le sentiment des diverses propriétés dont ces objets sont revêtus. Notre âme pensante a ensuite la charge et le pouvoir d'analyser toutes ces propriétés, de considérer quel est le but de l'existence de tous ces objets divers, lorsque cette fin lui est inconnue : c'est-à-dire, qu'elle a le droit de chercher dans ces objets quelle est l'idée dont ils sont l'expression, quels sont les faits qu'ils viennent attester, ou quelle est la réalité qu'ils viennent manifester ; et nous devons tous avouer que nous ne sommes réellement et complettement satisfaits que lorsque notre pensée jouit de la connoissance de la fin, et de la destination des objets, comme notre être sensible jouit des impressions qu'il reçoit par les diverses propriétés de ces mêmes objets : nouveau motif pour nous convaincre que tous les objets sont l'expression d'une idée ; car comment pourroient-ils conduire notre intelligence à ce terme satisfaisant et lumineux, s'ils n'étoient pas eux-mêmes, comme descendus de cette région de la lumière ou de la région des idées ?

D'ailleurs les usages les plus communs parmi les hommes ne nous éclairent-ils pas sur cette grande vérité, que tous les objets quelconques qui nous environnent sont l'expression d'une idée ? Toutes les inventions qu'ils appliquent journellement à leurs besoins, à leurs plaisirs, à leurs commodités ne portent-elles pas chacune le caractère de l'idée à laquelle elles doivent la naissance ? Un livre n'est-il pas le signe du plan qu'un homme a formé de rassembler ses pensées comme dans un même corps ? Un char n'est-il pas le signe du plan qu'un homme a formé de se faire transporter rapidement et sans fatigue ? Une maison n'est-elle pas le signe du plan qu'un homme a formé de se procurer une vie commode et à couvert des intempéries ?

Croyons donc que la sagesse suprême a aussi des idées et des plans dans ses ouvrages, comme nous en avons dans les nôtres ; croyons même qu'étant plus féconde et plus intelligente que nous, ses ouvrages, si nous en connoissions l'esprit, auroient le sublime avantage de procurer à notre pensée et à notre âme de plus vives satisfactions encore, qu'ils n'en procurent à notre vue, en étalant devant nous la pompe de léur magnificence extérieure et de la riche mais régulière variété de leurs formes. Croyons en même tems que ce seroit remplir le but de cette suprême sagésse, que d'appliquer notre être à la recherche des plans qu'elle a eus, en multipliant ainsi sous nos yeux cette immensité d'objets divers, parce que s'il est vrai que toute réalité cherche à s'étendre et à se manifester, et qu'elle ne le puisse que par ses signes ou ses témoins, ce seroit faciliter et seconder cette manifestation, que d'en interroger soigneusement les témoins et les signes, et de recueillir, avec encore plus de soin, leurs dépositions.

Mais parmi tous ces signes ou ces témoins, quel autre que l'homme pourroit être plus digne de notre attention et nous révéler les plus grandes réalités ? Quel autre nous offriroit des indices plus significatifs ? Quel autre laisseroit circuler devant nous ces innombrables fleuves de feu qui semblent sortir vivans de sa pensée et de son cœur, et qui nous le montrent, pour ainsi dire, comme étant assis sur le trône de tous les mondes, pour les juger et les gouverner sous l'œil du souverain invisible, qui est le seul être que l'homme trouve au-dessus de lui ?

Si tous les autres signes qui composent l'univers ne s'offrent à nous, vu la fragilité qui les caractérise, et leurs frappantes disparités, que comme autant de reflets passifs, et partiels des puissances spirituelles et secondaires de la divinité, l'homme paroissant placé sous l'aspect de la divinité même, s'annonce assez comme destiné à la réfléchir directement, et par conséquent à nous la faire connoître toute entière ; et nous ne devons pas chercher plus long-tems de quel fait, de quelle réalité, il est appellé à être le déposant et le témoin, en présence de tous les êtres, puisque nous appercevons en lui l'expression parlante de l'éternel principe, et l'irrécusable analogie qui les lie l'un à l'autre, et que parmi les créatures, il est comme le signe actif de l'axiôme total, ou comme la plus vaste manifestation que la pensée intérieure divine ait laissé sortir hors d'elle-même.

Si l'homme est le seul être qui soit envoyé pour être le témoin universel de l'universelle vérité, recueillons donc ses témoignages, ne le quittons point que nous ne l'ayons soigneusement questionné, et que nous ne l'ayons ensuite confronté avec lui-même, afin de fixer les différentes clartés que nous pourrons recevoir de ses diverses dépositions.

2.

Les principales des dépositions de l'homme sont premièrement que s'il est si évidemment une sainte et sublime *pensée de Dieu*, quoiqu'il ne soit pas la *pensée Dieu*, son essence est nécessairement indestructible ; car comment une pensée de Dieu pourroit-elle périr !

Secondement que Dieu ne pouvant se servir que de sa pensée, l'homme lui doit être infiniment cher ; car comment Dieu ne nous aimeroit-il pas, comment pourroit-il pas ne aimer sa pensée ? Nous nous complaisons bien dans les nôtres !

Troisièmement (et c'est ici la plus importante des dépositions que l'homme nous présente) si l'homme est une pensée du Dieu des êtres, nous ne pouvons nous lire que dans Dieu lui-même, et nous comprendre que dans sa propre splendeur, puisqu'un signe ne nous est connu qu'autant que nous avons monté jusqu'à l'espèce de pensée dont il est le témoin et la manifestation, et puisqu'en nous tenant loin de cette lumière divine et créatrice dont nous devons être l'expression dans nos facultés, comme nous le sommes dans notre essence, nous ne serions plus qu'un témoin insignifiant, sans valeur et sans caractère. Vérité précieuse qui démontre ici pour quoi l'homme est un être si obscur et un problème si compliqué aux yeux de la philosophie humaine.

Mais aussi lorsque nous nous lirons dans notre sublime source, comment pourrons-nous peindre la dignité de notre origine, la grandeur de nos droits, et la sainteté de notre destination ?

Hommes passés, présens et futurs, vous tous qui êtes chacun une pensée de l'éternel, concevez-vous quelles seroient vos lumières et vos félicités, si tous les germes divins qui vous constituent étoient dans leur activité et dans leur développement ?

Mais si, sur ces grands privilèges, votre sort vous réduit encore à des regrets, à des gémissemens, et vous interdit les jouissances, tâchez au moins, en faisant refléchir sur vous les traits de votre soleil générateur, de vous retracer ce que fut l'homme dans une époque qui est passée pour vous, mais dont les témoignages qui vous en restent, attestent assez qu'elle ne vous a pas été toujours étrangère.

L'homme peut n'être plus ce qu'il a été, mais il peut toujours sentir ce qu'il devroit être. Il peut toujours sentir l'infériorité de sa substance périssable et matérielle, qui n'a sur lui qu'un pouvoir passif, celui d'absorber ses facultés par les désordres et l'opacité dont elle est susceptible, tandis que son être pensant a le pouvoir actif de créer, pour ainsi dire, mille facultés dans son être corporel, qui ne les auroit point eues par nature et sans la volonté de l'homme; différence que nous présentons ici à dessein à l'homme de matière, et qui est trop marquante pour qu'il soit excusable de ne pas appercevoir là quelques vestiges de son ancienne dignité, et de la suprématie de sa pensée; différence, dis-je, qui pourroit l'élever plus haut, et lui prouver combien on a eu raison de dire que les vérités intérieures doivent être beaucoup plus sûres et plus instructives que les vérités géométriques, parce que celles-ci ne reposent que sur des surfaces, au lieu que les autres naissent activement du centre même, et en laissent entrevoir la profondeur.

Etant donc pénétrés de ces persuasions, transportons-nous à notre origine. Perçons par notre activité intérieure jusqu'à l'état où nous nous trouverions, si l'influence créatrice de notre suprême source, opéroit actuellement notre existence, et qu'elle transformât en ce moment en notre nature d'homme tous ces principes d'ordre, de perfection et de bonheur que nous sentons devoir résider éternellement dans l'être souverain dont nous descendons. Tous ces germes divins qui se créeroient en nous, ne porteroient-ils pas avec eux-mêmes une vie puissante et efficace? Notre intelligence ne seroit-elle pas comme continuellement engendrée par la vapeur de ces clartés innombrables et éternelles, qui lui donneroient à la fois et l'existence et la lumière? Notre faculté aimante ne seroit-elle pas plus que remplie par la vivante et douce universalité de notre principe, qui ne laisseroit aucun intervalle à nos sublimes affections, et aux élans de notre sainte gratitude envers lui ?

Quelques-uns croyent devoir considérer notre origine sous deux époques antérieures, l'une et l'autre, à l'état où l'homme se trouve aujourd'hui, et cela pour jouir de l'idée sage et consolante que le mal primitif n'a pas été éternel, et pour laisser à Dieu la gloire d'avoir exercé le sublime privilège qu'il a de produire toutes ses créatures dans la plénitude de la joie, et d'un bonheur affranchi de toute pénible fonction, et de tout dangereux combat.

Ils disent que dans la première de ces époques, le mal n'existant point

point encore, ou, ce qui est la même chose, nul être ne s'étant encore séparé de la région divine, nos félicités n'auroient pas eu besoin alors de s'étendre au-delà de notre propre existence; que, si elles s'y fussent étendues, c'eût été pour s'accroître sans cesse dans l'infini, qui est la seule chose qui eût existé pour nous; qu'il ne seroit sorti autre chose de nous que l'expression de notre joie et de notre amour qui eût, sans interruption, remonté vers notre source, comme notre source n'eût cessé de descendre sur nous; que nous n'aurions pas eu d'autre manifestation à faire, parce que tout eût été plein autour de nous; et que la vérité, remplissant tout alors, elle ne nous eût regardés que comme ses éternels adorateurs, mais qu'elle ne nous eût point employés comme ses signes et ses témoins, puisque tous les êtres auroient joui à la fois de sa vue et de sa présence, et qu'il n'auroit rien manqué à la plénitude de toutes leurs affections et de toutes leurs lumières, dès qu'ils auroient eu en activité devant eux le spectacle de l'immensité.

Nous pouvons nous dispenser ici de porter nos regards sur un ordre de choses si élevé; nous nous contenterons de contempler le moment de notre mission dans l'univers, ce qui n'est, selon l'opinion ci-dessus, que la seconde époque de notre origine; c'est celle qui est la plus voisine de notre situation actuelle; la première époque étant si loin de nous, que nous n'aurions pas même l'idée qu'elle eût pu exister, si la seconde ne lui servoit pas d'intermédiaire.

A cette seconde époque, que nous continuerons de regarder dans cet écrit comme notre primitive existence, nous avons reçu le caractère de signes et de témoins de la Divinité dans l'univers; et comme tels, nous avons été remplis de toutes les puissances et de toutes les clartés divines, conformément à la sublimité de notre destination, et à la grandeur des droits qui devoient nous être accordés pour la remplir. Car pour quel objet aurions-nous été ainsi détachés de ce cercle de l'immensité divine, en qualité de signes et de témoins, si ce n'eût été pour répéter dans la région, où la sagesse nous envoyoit, ce qui se passoit dans le cercle divin? Et comment cette région partielle auroit-elle pu exister, si quelques êtres se désordonnant eux-mêmes, ne se fussent interdits par-là l'accès de la région universelle, puisque l'unité principe cherche par sa nature à tout remplir, et que dès-lors le mal ne peut être que la concentration partielle d'un être libre, et son abstraction volontaire du règne de l'universalité?

Ainsi, de même que dans l'ordre éternel de l'immensité divine, Dieu suffit à la plénitude de la contemplation de tous les êtres, de même lorsque nous avons reçu une mission individuelle et une existence détachée de lui, nous n'aurions pu le retracer, ni être ses signes et ses témoins qu'en montrant en nous l'image réduite de ce Dieu à des êtres, qui, s'étant concentrés dans leur propre présence, auroient perdu de vue la présence divine, et se seroient trouvés comme enfermés dans cette atmosphère particulière de leur erreur.

C'est ici où nous sentons tout ce qui devoit se manifester hors de nous, lors de notre origine, pour l'accomplissement de notre œuvre. Il falloit qu'il sortît de nous des pensées vives et lumineuses, des vertus vivifiantes et des actes efficaces, pour que nous fussions les représentans du suprême auteur de notre être ; et plus nous sonderons cette analogie, que nous avons reconnue entre l'ame humaine et son éternel principe, plus nous sentirons que Dieu étant la source radicale et primitive de tout ce qui est parfait, nous n'avons pu sortir de lui que revêtus de ces sublimes caractères que nous venons de peindre, et dont nos foibles pensées, quand elles sont saines et régulières, nous retracent encore aujourd'hui quelques images. Car la Divinité suprême n'auroit pas choisi sa propre pensée, ou la *pensée Dieu* pour être le modèle de l'homme, que nous avons appellé *la pensée de Dieu*, si elle n'eût eu dessein de se peindre en nous dans toute sa majesté.

Aussi les traits de ce sceau sacré, qui caractérisent l'ame de l'homme, résisteront-ils éternellement à tous les pouvoirs destructeurs. Malgré la longueur des tems, malgré l'épaisseur des ténèbres, toutes les fois qu'il contemplera ses rapports avec Dieu, il retrouvera en lui les élémens indissolubles de son essence originelle, et les indices naturels de sa glorieuse destination.

Il sentira que, selon cette glorieuse destination, une force puissante et redoutable dut nous être donnée, pour soumettre à l'autorité divine ceux qui avoient pu la méconnoître, et que, munis d'une pareille puissance, nous devions être d'autant plus en sûreté, qu'étant unie à notre être, rien n'eût pu nous la dérober, si nous ne l'eussions pas livrée nous-mêmes.

Il sentira que nous aurions dominé dans notre empire après l'avoir subjugué, et que nous aurions été ornés de toutes les marques nécessaires pour annoncer par-tout notre légitime souveraineté.

Il sentira que nous aurions été superbement *vêtus* pour rendre notre présence plus majestueuse, et pour que toutes les régions de notre domination, étant frappées de l'éclat qui nous auroit environnés, nous offrissent les témoignages de respect et de soumission qui étoient dûs à la mission divine, que la main suprême nous avoit confiée; et l'homme n'eût-il aujourd'hui d'autre moyen de se retracer son ancien état, que de considérer ces fragiles marques, que sa puérile pensée y a substituées sur la terre, ce glaive des conquérans, ces sceptres, ces couronnes, cette pompe qui environne les souverains, et ce respectueux dévouement de leurs sujets, il y pourroit au moins trouver encore quelques traces informes de nos titres originels, quoiqu'il n'en vît nulle part la virtuelle activité.

Mais s'il est encore possible à

l'homme de retrouver, et dans lui-même, et dans les images passagères de ses puissances conventionnelles et terrestres des vestiges de ce qu'il auroit dû être, il lui est malheureusement plus facile encore de sentir combien il est loin aujourd'hui de cette destination glorieuse ; et s'il a encore autour de lui quelques indices de ses droits primitifs, il a aussi des preuves bien plus nombreuses que ces droits ne sont plus en sa puissance.

Ne retraçons point ici toutes les démonstrations déjà données de la dégradation de l'espèce humaine ; il faut être *désorganisé* pour nier cette dégradation, qui est plus qu'évidemment constatée par un seul des soupirs, dont le genre humain remplit continuellement notre terre, et par cette idée radicale que l'auteur des êtres place toujours toutes ses productions dans leur élément naturel. Car, pourquoi nous trouvons-nous si loin du nôtre ? Pourquoi étant actifs par notre nature, sommes-nous comme submergés et enchaînés par les choses passives ? Les hommes ont le droit de chercher partout où ils voudront les causes de cette affligeante et trop réelle desharmonie, excepté dans le caprice et la cruauté de notre souverain principe, dont l'amour, la sagesse et la justice doivent être à jamais un éternel rempart contre nos murmures.

D'ailleurs, ne nous occupant ici que des suites, et non de la cause de cette dégradation de la famille de l'homme, nous n'avons intention de parler qu'à ceux qui n'en nient pas l'existence, et qui, malgré les difficultés qu'ils rencontrent à expliquer le mal et son origine, trouvent qu'en ne tranchant pas négativement sur cette question, comme le fait l'imprudente philosophie, ils sont encore moins mal à l'aise avec une vérité difficile et obscure, qu'ils ne le seroient avec une évidente absurdité.

Pour les peindre, ces suites désastreuses de notre dégration, il faut regarder l'état glorieux dont nous avons joui, comme un trésor dont nous aurions eu tous en commun et la garde et la distribution ; il faut reconnoître que nous aurions partagé solidairement la gloire et les récompenses de cette magnifique manifestation, puisque nous aurions partagé solidairement tous les travaux de ce grand œuvre.

Mais puisque nous ne pouvons

imputer à la suprême sagesse d'avoir conspiré en rien avec nous dans l'abus de ces sublimes priviléges, nous sommes forcés d'en attribuer tous les torts à la puissance libre de notre être, laquelle étant fragile par sa nature, (sans quoi il y auroit eu deux Dieux) s'est livrée à sa propre illusion, et s'est précipitée dans l'abîme par sa propre faute ; vérités assez solidement établies dans des ouvrages antérieurs, pour n'avoir pas besoin d'être traitées ici de nouveau.

Dès-lors les principes de la saine justice, impérissables comme notre essence, et qui, comme cette essence, nous resteront éternellement, quoique nous nous égarions si souvent dans leur application, nous apprennent clairement ce que nous sommes devenus par notre crime, et nous montrent, sans que nous puissions nous y méprendre, l'espèce de satisfaction que cette justice exige de nous, et c'est ici que le titre de cette ouvrage, ou le sens de ces deux mots, *ecce homo*, va commencer à se découvir.

3.

Si nous fussions restés fidèles à notre sainte destination, nous aurions du manifester tous en commun, et chacun selon notre don, la gloire de notre éternel principe. Mais ne pouvant plus douter que nous ayons manqué de remplir cette loi suprême, puisque nous languissons tous, et que l'auteur de cette justice ne pourroit nous laisser injustement en souffrance et en privation, il résulte que l'abus de nos glorieux privilèges a dû nous réduire à la cruelle nécessité de ne plus offrir qu'une manifestation opposée à celle qui étoit attendue de nous, et qu'au lieu d'être les témoins de la gloire et de la vérité, nous ne pouvons plus être que les témoins de l'opprobre et du mensonge.

Il résulte en outre que toute la famille humaine partageant aujourd'hui cette punition, comme elle eut partagé les récompenses, chaque individu devroit offrir un signe particulier de cet avilissement, comme il eut offert un signe particulier de puissance dans l'ordre triomphal, chacun selon le don qui lui eut été propre; il résulte, dis-je, que chaque individu de cette grande famille devroit offrir un signe particulier de cette disette et de cette privation à laquelle la justice suprême nous a tous soumis dans ce bas monde ; et cela afin qu'à la vue de ce signe si différent de celui que nous aurions dû porter, on pût dire de nous avec insulte et dérision : *Ecce Homo*, voilà l'homme ; et que ce titre aujourd'hui si insultant pour nous, nous couvrît d'opprobre et d'humiliation, en décelant les fruits amers que le crime a semés en nous, au lieu de la gloire dont nous aurions brillé, si notre nom eut conservé son vrai caractère.

Or, il ne faut que jetter les yeux sur l'état des hommes ici-bas, pour juger avec quelle étendue cette sévère justice s'accomplit ; quel est celui de nous qui ne paye pas d'une manière ou de l'autre ce tribut d'humiliation ? où est notre force ? où est notre autorité ! où est notre puissance ? où est notre lumière ? excepté l'indigence, le désordre et l'infirmité et les ténèbres, quels autres témoignages présentent aujourd'hui nos diverses facultés ? Toutes les influences que nous répandons autour de nous, sont-elles autre chose que des influences cadavéreuses ? Et y a-t-il sur la terre un seul homme qui ne soit dans le cas d'offrir un ou plusieurs signes de cette importante réprobation ?

O homme ! si tu n'es pas encore assez avancé pour verser des larmes sur ta misère, au moins ne t'abuse pas jusqu'à la regarder comme un état de bonheur et de santé. Ne te laisse pas prendre à ces fascinations qui te séduisent. Ne fais pas comme un enfant malade qui cesse de crier au bruit d'un hochet agité devant ses yeux, et qui même alors offre un visage riant et tranquille, comme si le mal qui le ronge n'étoit plus à redouter pour lui, quand la vue de ce hochet a suspendu pour un tems ses douleurs. Pour peu que tu fermes un instant les yeux sur ces illusions qui te distraient, le mal ne tardera pas à se faire sentir, et effrayé du danger qui te menace, tu reconnoitras avec quel juste fondement la sagesse cherche à t'avertir de tes infirmités, et à t'embrâser du zèle de ta guérison.

Cependant malgré les rigueurs des lois que l'arrêt de la justice nous impose, les suites de notre condamnation seroient mille fois plus douces encore qu'elles ne sont rigoureuses, si nous reconnoissions la suprême équité de celui qui nous a jugés, si nous pensions combien les vues qu'il a sur nous pourroient nous être profitables, et si nous nous résignions volontairement à l'inévitable puissance de ses décrets.

Les principaux avantages que nous en retirerions seroient dans l'exemple mutuel que nous nous donnerions les uns aux autres; car l'état infirme, languissant et ténébreux de nos semblables seroit pour nous une instruction visible qui nous rappelleroit continuellement la dégradation de la famille de l'homme; et de notre côté offrant à leurs yeux le même spectacle, nous leur rendrions le même service, en leur donnant la même instruction. Ainsi, nous avertissant respectivement de notre honte et de notre humiliation, nous reconnoîtrions hautement la justice de la condamnation que nous avons attirée sur nous ; et ce passeroit comme l'entrée dans la carrière de notre régénération qui est celle que la sagesse suprême s'efforce sans cesse de nous ouvrir, comme étant la seule voie qui puisse nous ramener près de ce souverain principe d'amour qui nous avoit formés, et que nous avons forcé à nous bannir des domaines même qu'il nous avoit confiés.

Habiles écrivains, remplissez-vous ici d'une sainte éloquence pour nous peindre avec des couleurs persuasives et encourageantes le tableau instructif de la famille humaine, où tous les individus seroient l'un pour l'autre comme autant de leçons vivantes, et où la vue de leur commune détresse les rempliroit à la fois d'une salutaire horreur d'eux-mêmes et d'un tendre intérêt pour la réhabilitation de tous les membres de cette grande famille. Montrez-nous les se nourrissant du pain des larmes, gardant les uns auprès des autres le silence morne de la douleur, et ne le rompant par intervalle que pour faire entendre les sons entrecoupés de la pénitence, et pour que l'homme dise à l'homme: mon frère, c'est sur l'homme de mensonge que nous avons fondé le règne de la mort qui nous enveloppe de ses ténèbres. Ne cachons plus cet homme de mensonge dans ses propres décombres et dans ses immondices, efforçons-nous de le faire paroître à découvert, afin que l'air vif le corrode jusques dans ses racines, et que le règne de la mort, se trouvant ébranlé par-là dans ses fondemens, puisse s'écrouler et se perdre pour nous au fond de ses abîmes.

Mais combien l'homme est loin d'offrir un pareil spectacle, et de se prosterner ainsi devant cette irréfragable justice qui ne cesse de tonner sur lui ! Le même principe de désordre qui nous a fait décheoir de notre poste originel nous poursuit, nous accompagne et nous anime encore dans notre existence dégradée. Comme il nous déguisa la source mortelle de notre égarement, il nous en déguise journellement les fruits et les conséquences. Il ne s'occupe que du soin d'en prolonger la durée, afin qu'en perpétuant notre illusion, il perpétue la puissance de son règne qui, malheureusement, pour nous ne se compose que de nos déceptions et de nos ténèbres.

Il nous persuada jadis que nous ne tomberions point en suivant ses séduisantes insinuations; il cherche, maintenant que nous les avons suivies, à nous persuader que nous ne sommes pas tombés, et à nous remplir sans relâche du soin vigilant de le persuader à tout ce qui nous environne. Au lieu de nous laisser avouer chacun le signe particulier de condamnation que nous portons, et l'espèce de privation qui nous est infligée, il ne nous fait veiller que pour en imposer à nos semblables sur cet important objet. Et ce soin si actif qui nous absorbe, il a eu l'art de le multiplier à l'infini par les suites de cette dégradation même, et par ces cupides multiplicités qui nous dévorent, et qui nous voilent d'autant notre misère et les humbles sentiers qu'il nous faudroit suivre pour marcher vers notre régénération.

De là l'attention que les hommes prennent universellement de se montrer comme ne manquant d'aucune de ces lumières, et d'aucun de ces dons qui auroient appartenu à notre vraie nature, si nous n'avions pas creusé un si grand abîme entre nous et la vérité ; de là le soin perpétuel qu'ils se donnent de cacher leurs défauts de vertus, leurs défauts de talens, leurs défauts corporels, leurs défauts de tous les avantages conventionnels des sociétés politiques. L'œil de nos semblables est devenu pour nous comme le seul terme et comme le seul mobile de nos affections et de nos mouvemens, non point pour notre amélioration, comme c'eût été l'intention de la sagesse, lorsqu'en nous bannissant de sa présence, elle nous a exilés tous dans le même lieu, mais au contraire pour notre ruine et notre entière destruction.

Nous aurions voulu autrefois passer aux yeux de toutes les régions pour le Dieu suprême. N'ayant pas pu y réussir, nous n'avons pas pour cela renoncé entièrement à notre entreprise, et nous tâchons au moins l'obtenir ce nom sacré dans l'opinion de nos semblables, et de leur faire assez d'impression par notre supériorité, pour qu'ils en soient frappés en nous regardant, et pour qu'ils flattent nos oreilles de ce doux nom, *Ecce Deus*, voilà le Dieu, au lieu de ce terrible, *Ecce Homo*, qui

qui nous rendroit furieux en nous couvrant d'ignominie. Nous sommes comme autant d'êtres mutilés dans tous nos membres, et qui néanmoins prétendons encore á la beauté et à passer pour réguliers, en masquant nos diformités par toutes sortes de membres artificiels, n'importe de quelle vile et fragile substance ces membres artificiels sont composés.

C'est pour cela que le prêtre enseigne une foi aveugle en son caractère et en ses décisions, quand il n'a pas en main la véritable puissance ni la véritable lumière : c'est pour cela que le philosophe et l'orateur suppléent par des systêmes et par les formes de l'éloquence, aux principes fondamentaux qui leur manquent pour établir le règne de la vérité : c'est pour cela que les législateurs exaltent les droits des peuples, et la puissance des nations quand ils ne connoissent pas les vrais fondemens de la souveraineté politique : c'est pour cela que l'hypocrite se procure par ses dissimulations et son astuce la bonne renommée qu'il ne peut acquérir par des vertus, sans compter ici tous les autres égaremens, toutes les bassesses et toutes les injustices qui composent par-tout le civil des associations humaines.

Ainsi par toutes ces voies extra-lignées et corrompues, nous substituons à l'aveu si salutaire de notre humiliation, le tableau d'une gloire qui n'est que le fruit du mensonge. Ainsi au lieu du soulagement que les hommes auroient pu respectivement se procurer dans leur état d'épreuve, il n'y a point de maux qu'ils ne s'attirent les uns sur les autres, et nous consommons nos jours à nous immoler mutuellement, tandis qu'en suivant la voie que devoit nous tracer le sentiment de nos misères et de nos infirmités, nous aurions pu mutuellement nous ressusciter.

En vain ces sentiers abusifs, dans lesquels l'homme se laisse entraîner tous les jours, se terminent par des chûtes répétées et par des déceptions continuelles ; en vain les efforts qu'il fait pour détruire et annuller l'humiliante sentence de sa condamnation, la rendent plus honteuse pour lui, en lui faisant ajouter de nouvelles ignominies à celles de sa première dégradation ; en vain il sent que les moyens qu'il emploie ne sont que des suggestions qui n'ont point une source assez profonde pour le conduire à son vrai terme, et que tous ces remèdes ne portant point en eux-mêmes le principe de la vie, sont plus funestes encore à son esprit, que les grossières substances, employées par nos pharmacies, ne sont nuisibles à la santé de nos corps, il n'en poursuit pas moins la marche que lui trace perpétuellement son imprudence, et il espère toujours que ce titre humiliant d'*ecce homo* va être effacé pour lui.

4.

Indépendamment de ces moyens généraux et communs, que l'erreur et le mensonge employent journellement pour nous aveugler sur notre misère, et pour nous bercer sans cesse d'une espérance toujours déçue, l'esprit de ténèbres a trouvé ouvertes des voies secrettes, beaucoup plus abusives encore, et beaucoup plus funestes pour nous. Car les premières erreurs que nous venons de peindre tombent plus sur l'homme extérieur et sur sa marche visible, que sur l'homme intérieur et spirituel ; aussi la simple morale seroit suffisante pour les lui faire éviter, et toutes fâcheuses qu'elles soient, le plus grand préjudice qu'elles lui causent, est de le retarder dans sa marche; mais celles que nous avons à peindre, ont le terrible pouvoir de l'égarer tellement, qu'il ne puisse plus retrouver sa voie, et c'est ici que le sens de ce mot *ecce homo* devient réellement lamentable.

Notre état primitif nous avoit appellés à posséder des connoissances supérieures, à jouir visiblement du spectacle des faits de l'esprit, revêtus de toute la splendeur de sa lumière, et à avoir même autorité sur les divers habitans de toutes ces régions, cachées aujourd'hui pour nous par le voile épais des élémens.

Si, depuis notre chûte, il est entré quelquefois dans le plan de la sagesse d'appeller ici bas quelques mortels à la participation d'un si grand privilége, malgré les ténèbres qui les enveloppoient, il est arrivé tout aussi souvent que ces mêmes ténèbres, ranimées d'abord par la présence de cette lumière, ont cherché ensuite à se combiner avec elle, et bientôt à en prendre la place; en répétant astucieusement les mêmes faits dont elles avoient été les témoins, ou en puisant, dans l'esprit de l'homme, les moyens de l'abuser lui-même; car elles peuvent lire à la fois dans les fertiles régions de sa pensée, et dans son imprudence plus fertile encore à tourner presque toujours contre lui cette même pensée, qui devoit faire à la fois son appui, son guide et son universelle sécurité.

Les graces supérieures, envoyées directement par la sagesse à quelques mortels, avoient un double avantage, celui d'apprendre à ces mêmes mortels combien étoient doux et magnifiques ces trésors dont nous avons joui, et combien est ignominieux le néant dans lequel nous avons eu l'imprudence de nous plonger; et c'est dans cet esprit que ces hommes privilégiés répandoient ensuite leurs instructions sur les autres hommes.

Les œuvres enfantées ou infectées par les ténèbres ont un but opposé, celui de persuader à l'homme qu'il jouit encore de tous ses droits, et de lui dérober la vue de ce dénuement spirituel, qui est le véritable signe *caractéristique* auquel est attaché le nom d'*ecce homo*, dénuement dont la connoissance intime et parfaite est, comme nous l'avons dit ci-dessus, la première condition indispensable pour commencer notre reconciliation.

Aussi à peine l'homme fait-il un pas hors de son intérieur, que ces fruits des ténèbres l'enveloppent et se combinent avec son action spirituelle, comme son haleine, aussitôt qu'elle sort de lui, seroit saisie et infectée par des miasmes putrides et corrosifs, s'il respiroit au milieu d'un air corrompu.

La sagesse suprême sait si bien que tel est l'état de nos abîmes, qu'elle emploie les plus grandes précautions pour y percer et nous y apporter ses secours ; encore n'est-elle malheureusement que trop souvent contrainte de se replier sur elle-même par l'horrible corruption dont nous imprégnons ses présens, et si quelque mortel a été assez heureux pour éprouver en lui-même l'approche de cette sainte sagesse, et pour avoir pu appercevoir à sa lumière l'horrible poison dont nous sommes composés, et l'amertume affligeante qu'elle en ressent, il connoîtra par expérience et par similitude combien, à son tour, l'homme court de dangers dès qu'il sort de son centre, et qu'il entre dans les régions extérieures.

Aussi avec quelle prudence les sages ne distribuent-ils pas leurs paroles, et combien de précautions ne prennent-ils pas pour que les trésors de la vérité ne soient pas souillés par la corruption qui corrode tous nos abîmes ? Ils savent trop que c'est dans ce centre intérieur et invisible que réside la source de la lumière, et que la raison, pour laquelle le monde est si peu avancé dans les sentiers sacrés de la parole, c'est qu'il jette habituellement sa parole dans les régions extérieures, et qu'il ne prend jamais la précaution de venir la poser sur la racine vive, ou sur la parole intérieure, le seul foyer qui puisse animer toutes nos paroles vraies, puisque c'est là seulement où se trouve la parole vivante et créatrice de toutes les paroles ; enfin c'est qu'il oublie continuellement que les plus précieuses des vérités qu'il puisse connoître, sont de nature à ne pouvoir être exprimées que par des pleurs et par le silence, et que la bouche matérielle de l'homme n'est pas digne de les prononcer, ni son oreille corporelle de les entendre.

Aussi, par ses imprudences universelles, l'homme est plongé perpétuellement dans des abîmes de confusion, qui deviennent d'autant plus funestes et plus obscurs, qu'ils engendrent sans cesse de nouvelles régions opposées les unes aux autres, et qui font que l'homme se trouvant placé comme au milieu d'une effroyable multitude de puissances qui le tirent et l'entraînent dans tous les sens, ce seroit vraiment un prodige qu'il lui restât dans son cœur *un souffle de vie*, et dans son esprit un étincelle de lumière.

Quels avantages ne donnons-nous donc pas, par nos légéretés, à ce principe de ténèbres, qui cherche aussi à étendre son règne en imitation de la vérité ? Pour peu que nous nous prêtions à cette foiblesse secrette, qui nous porte tous à chercher hors de nous les appuis que nous ne pouvons trouver qu'en nous, et pour peu que nous cessions d'être aussi naturels, aussi vrais et aussi simples que des enfans au milieu des faveurs supérieures, qui nous sont encore quelquefois accordées ici bas, et aux missions spirituelles et divines dont il nous est possible d'être chargés, dès l'instant le principe des ténèbres nous aide lui-même à nous jetter de plus en plus dans ces régions extérieures.

Après nous y avoir fait entrer, il nous y retient par les charmes et les joies que nous commençons d'abord à y goûter, et qui nous font bientôt oublier ceux de l'intérieur, qui sont aussi calmes et aussi paisibles que les autres sont agités et turbulens. Après qu'il nous a retenus dans ces régions extérieures, il nous y enfonce, pour ainsi dire, à demeure, par le venin de notre propre contemplation, et par le funeste organe de l'œil de nos semblables, qui ne s'étant pas plus établis que nous dans leur intérieur, portent leurs fausses influences sur nos imprudentes manifestations, et nous entraînent d'autant plus par là dans l'obscurité et dans le mensonge, en réveillant en nous toutes les affections opposées à l'affection simple, tranquille, humble, égale et durable, que nous aurions reçue par la voie directe de notre intérieur, du moment que par nos sages précautions nous l'aurions laissé ouvrir en nous.

Car ce ne seroit point abuser nos semblables, que de leur dire combien l'œuvre véritable de l'homme se passe loin de tous ces mouvemens extérieurs. D'après les principes posés ci-dessus, nous sommes placés sous l'aspect de la divinité même, c'est-à-dire, que nous reposons sur une racine vive qui doit opérer en nous toutes nos régulières végétations; ainsi, qu'il y ait autour de nous, et même par nous, des faits extérieurs et hors du cours ordinaire de la nature, bien plus, qu'il y ait une nature et un monde, ou qu'il n'y en ait pas, notre œuvre doit toujours avoir son cours, puisque notre œuvre est que Dieu dans nous soit tout, et nous rien, et puisque, dans les faits même purs et légitimes qui peuvent s'opérer, ce ne sont pas les faits qui doivent s'appercevoir et mériter nos hommages, mais le Dieu seul qui les opère.

Parmi ces voies secrettes et dangereuses, dont le principe des ténèbres profite pour nous égarer, nous ne pouvons nous dispenser de placer toutes ces extraordinaires manifestations, dont tous les siècles ont été inondés, et qui ne nous frapperoient pas tant, si nous n'avions pas perdu de vue le vrai caractère de notre être, et sur-tout si nous possédions mieux les annales spirituelles de notre histoire, depuis l'origine des choses.

Dans tous les tems, la plupart de ces voies ont commencé à s'ouvrir dans la bonne foi, et sans aucune espèce de mauvais dessein de la part de ceux à qui elles se faisoient connoître. Mais faute de rencontrer, dans ces hommes favorisés, la prudence du serpent avec l'innocence de la colombe, elles y ont opéré plutôt l'enthousiasme de l'inexpérience, que le sentiment à la fois sublime et profond de la sainte magnificence de leur Dieu ; et c'est alors que le principe des ténèbres est venu se mêler à ces voies, et y produire cette innombrable multitude de combinaisons différentes, et qui tendent toutes à obscurcir la simplicité de la lumière.

Dans les unes, ce principe de ténèbres ne forme que de légères taches, qui sont comme imperceptibles, et qui sont absorbées par la surabondance des clartés qui les balancent; dans les autres, il y porte assez d'infection pour qu'elle y surpasse l'élément pur. Dans d'autres, enfin, il établit tellement sa domination, qu'il devient le seul chef et le seul administrateur.

Des écrivains zélés et véhémens nous ont montré, dans la constitution de l'univers, une des voies qui servent d'instrument à ce principe de ténèbres pour propager ses illusions. Ces écrivains ont rendu par là aux nations égarées le plus grand service qu'elles pussent attendre, et elles ne peuvent mieux faire, que de méditer soigneusement ce trait de lumière. Il leur révélera clairement la source des abominations, et des erreurs religieuses qui ont attiré autrefois, sur des peuples célèbres, les vengeances éclatantes de la colère divine ; et elles pourront y puiser les connoissances les plus vastes et les plus utiles pour nos tems modernes, qui, sous ce rapport, ressemblent, plus que l'on ne pense, aux tems anciens. Ainsi, cette clef étant déjà livrée à l'intelligence des hommes, nous pouvons nous borner, dans cet écrit, à considérer les fruits de ces régions ténébreuses, qui ont égaré tant de mortels, et à parcourir tant les différens signes auxquels on peut les reconnoître, que les déceptions qui sont réservées à ceux qui s'en nourrissent.

5.

Ce qui peut servir dans ces manifestations ou dans ces mouvemens extérieurs à discerner le faux, c'est lorsque les œuvres, qui en résultent, sont, pour ainsi dire, des ombres d'œuvres, des œuvres de surface, et par conséquent trop peu vivifiantes pour se lier au plan du grand œuvre de Dieu, qui est de nous rappeller à notre centre interne où Diese trouve, au lieu de nous subdiviser dans les centres externes, fragiles, ténébreux ou corrompus, où Dieu ne se trouve pas; c'est lorsque les missions des envoyés ont un caractère vague, confus, indéterminé; c'est lorsque ces envoyés sont subordonnés à des arbitres incapables de les juger, et qu'ils concourent par là à la ruine de leur œuvre même, en soumettant leurs lumières à des conducteurs, à qui ces lumières sont étrangères; c'est lorsque les prophéties de ces mêmes envoyés offrent, indépendamment de ces caractères incertains, celui de s'écarter de la destination naturelle de l'esprit de l'homme, que nous avons reconnu ci-dessus pour le premier signe et le premier témoin de la divinité, et qui, malgré qu'il soit bien loin d'être ici bas au niveau de ses priviléges et de ses clartés originelles, ne peut cependant jamais faire un seul pas assuré, qu'à la lueur de la foible étincelle qui lui en reste.

Car s'il doit être le signe et le témoin de la Divinité, il ne rempliroit donc pas sa destination naturelle, s'il n'étoit que le signe ou le témoin de l'esprit et des anges, que le signe et le témoin des puissances de la nature soit célestes soit terrestres, que le signe et le témoin de l'ame des morts : bien plus, si après s'être annoncé comme étant le signe et le témoin de la lumière divine, il ne devenoit, par ses démarches inconsidérées, que le signe et le témoin d'un homme ignorant, ou que le signe et le témoin des actions ténébreuses et corrompues. (Eh! qui ne frissonneroit pas en appercevant avec quelle profusion et avec quelle confusion toutes ces erreurs et tous les dangers qui les accompagnent peuvent s'introduire dans les voies extraordinaires ?) Enfin, c'est lorsque toutes ces voies extraordinaires ne trouvent point à s'appuyer solidement sur les écritures saintes.

Car les écritures saintes elles-même ne seroient pas vraies, si elles ne déposoient pas en faveur de ce caractère divin et distinctif de l'homme, dont il peut se reconnoître lui-même comme étant revêtu par la main du suprême auteur des êtres ; elles ne seroient pas vraies, si elles n'appelloient pas l'homme à être le signe et le témoin de la divinité même, si elles ne ramenoient pas l'ame humaine à ce seul but, en lui peignant les maux et les ténèbres qui l'attendent, si elle se rend le signe et le témoin des Dieux des nations ; enfin elles ne seroient pas vraies si, dans tous les faits qu'elles rapportent, dans toutes les prophéties qu'elles contiennent, et dans toutes les merveilles qu'elles manifestent, elles laissoient quelque chose à la gloire humaine des individus, et qu'elles n'offrissent pas clairement le but exclusif de l'universelle domination de la suprême et jalouse vérité.

Or, sous tous ces rapports, les écritures saintes viennent à l'appui de la nature de l'homme, de la destination qu'il a reçue par son origine, et de l'objet qui doit être le seul terme de tous ses mouvemens.

Elles le montrent comme ayant

été appellé à être l'image et la ressemblance de Dieu, à dominer sur tous les ouvrages de la puissance divine, à subjuguer la terre et à la remplir, à donner aux êtres les noms qui leur conviennent, et tout ceci, en le plaçant sous l'œil même de la divinité, comme devant correspondre directement avec elle.

Depuis sa chûte, elles ne cessent de le rappeller à ce poste primitif, et de lui promettre que s'il suit avec zèle et avec courage les loix et les ordonnances que la sagesse suprême lui envoie pour son soulagement, l'éternel sera son Dieu, et l'homme sera le peuple de l'éternel.

Elles ne cessent de l'avertir des pièges que doivent lui tendre les habitans de cette triste demeure qu'il occupe aujourd'hui ; elles ne cessent de lui peindre, sous mille formes et avec les accens les plus expressifs, toutes les entreprises qu'ils feront contre son bonheur, jusqu'à ce qu'ils parviennent à l'entraîner avec eux dans leurs abominations, et à le faire entrer au service de leurs idôles.

Elles lui peignent, sous les signes les plus humilians, l'état de détresse où le conduira l'oubli de son Dieu, et sa négligence à ne pas se défendre des prestiges de ses ennemis ; enfin, elles nous le peignent comme étant assez cher à l'amour divin, pour que cet inéfable principe de toutes choses se soit lancé après lui, comme après sa propre pensée, pour le soustraire aux poisons meurtriers auxquels

quels il s'étoit exposé par son crime, et même pour payer en notre nom cette dette de résignation dont nous sommes tous comptables à la justice souveraine.

Car ce fleuve de l'amour divin, dans lequel nous avons puisé la naissance, ne peut jamais cesser de couler pour nous régénérer en lui ; de même qu'ici bas le cœur de l'homme de bien ne se tarit point pour ses frères, malgré toutes leurs injustices, et seroit toujours prêt à tout souffrir pour eux, s'il pouvoit, à ce prix, leur rendre le goût de la vertu, de même le fleuve éternel de la vie ne s'est point tari lors de notre crime, il s'est seulement réduit et rétréci, en nous condamnant à ne manger qu'à la sueur de notre front le pain de vie que nous au-

D

rions dû manger, non sans travail, mais sans fatigue.

Ce fleuve s'est accru progressivement par les diverses alliances qu'il a faites avec l'homme en différens tems ; enfin, il a repris toute son étendue, en venant remplir pour nous la loi de notre condamnation que nous refusions de remplir nous-mêmes, et lorsque, transformant de nouveau toutes ses puissances en notre nature d'homme, il s'est laissé couvrir, par les puissances terrestres, de tous les signes de la dérision, et que, couronné d'épines, meurtri de coups, souillé de crachats, abandonné de tous, il a souffert qu'on le montrât publiquement armé d'un roseau pour sceptre, et que l'on dît de lui aux yeux des nations de la terre : *ecce homo*, voilà l'homme, voilà l'état où il a été réduit par le crime primitif et par toutes ses prévarications secondaires.

C'est par cet aveu humiliant que la justice a rouvert pour nous toutes les portes de l'amour, puisque c'est à cet instant que les suites du péché de l'homme ont été manifestées et dénoncées par l'homme lui-même. Sans cet aveu, la mort de l'homme réparateur auroit pu paroître une injuste atrocité, et la miséricorde divine un caprice.

Les écritures nous tracent donc avec exactitude le lit qui a servi au fleuve vivifiant de l'amour, pour arriver depuis la montagne sainte, jusques dans notre être, et leur témoignage nous doit être d'autant moins suspect, que l'ame de l'homme n'a pas besoin de les prendre pour preuve de tous les principes qu'elle peut lire en elle-même à tous les momens, puisque ces principes sont antérieurs aux écritures; mais elles peuvent lui offrir sans cesse un appui solide et une nourriture salutaire, et comme telles, elles entrent au nombre des moyens qui nous sont donnés pour juger les manifestations en général.

Servons-nous donc ici de tous ces principes que nous venons de présenter, et faisons-en l'application à ces voies extraordinaires, dans lesquelles l'erreur se glisse si aisément avec la vérité, pour nous arrêter dans notre carrière, et suivons la marche du principe des ténèbres, au milieu de ces merveilles qui nous étonnent et des trésors qui nous environnent.

Les voies et les dons partiels ont pu et pourront avoir lieu dans tous les tems, parce que dans tous les tems il y a eu et il y aura des êtres qui, quoique n'étant point adonnés au *mal*, sont cependant trop en bas âge, relativement à l'esprit divin, pour en être animés dans toute sa force et dans toute sa plénitude. Mais pour que ces voies partielles puissent cependant être regardées comme initiatives à la vivante lumière, il faut au moins qu'elles aient le caractère de la vie, et qu'elles soient en petit la répétition du grand œuvre, sans quoi elles ne sont que figuratives, elles séjournent dans les surfaces, et y font séjourner tous ceux qui, en s'y abandonnant, ne pénétrent point jusqu'à l'œuvre central.

Or, pour des raisons profondes

que nous ne croyons pas devoir exposer, l'œuvre partielle prend aisément dans la pensée de l'homme le caractère de l'œuvre totale ; l'œuvre de l'esprit lui paroît facilement l'œuvre de la Divinité ; l'œuvre des puissances naturelles lui paroît aussi facilement l'œuvre de l'esprit, et plus facilement encore l'œuvre des puissances aveugles et corrompues lui paroît l'œuvre des puissances naturelles.

Le principe des ténèbres profite de ce malheureux penchant de l'homme, et il l'augmente encore par les droits que nous lui avons laissé prendre sur nous, de façon que l'homme favorisé partiellement a deux obstacles à combattre, celui de sa propre infirmité et celui du principe des ténèbres ; dans lesquelles nous nageons ici bas, tandis que l'homme, admis à la plénitude de l'œuvre divine, n'a point le même travail à faire, ni les mêmes dangers à courir, quoiqu'il ait toujours à veiller sur lui pour s'acquitter dignement de sa haute mission. Aussi l'homme qui est admis à cette œuvre divine ne tient conseil qu'entre Dieu et lui.

Malheureusement les dangers que nous venons de peindre, ont été comme universels; par-tout les hommes ont pris pour des missions divines, ce qui n'étoit que des missions spirituelles, pour des missions spirituelles, ce qui n'étoit que des missions naturelles, pour des missions naturelles, ce qui n'étoit que des missions ténébreuses, et sous-naturelles; et chacun a cherché à les propager, tandis qu'elles devoient se concentrer dans leur secrète et particlle atmosphère, lorsqu'elles étoient vraies, ou être repoussées à jamais, si elles n'avoient pas tous les caractères de la vérité.

Or, quels torts les agens mêmes des missions particlles n'ont-ils pas dû se faire à eux-mêmes, en sortant ainsi de leurs sphères, et en s'exposant si imprudemment et sans des forces suffisantes à tous les chocs opposés ou corrompus de tant d'autres sphères qui devoient à jamais leur rester étrangères?

Aussi les fruits que le principe des ténèbres a recueillis de là sont incalculables, et il y a des multitudes d'institutions sur la terre qui n'ont pas eu d'autres principes, soit parmi celles qui ont été honorées comme sacrées, soit parmi celles qui, par des altérations progressives, en sont venues à ne conserver que de puérils emblêmes, et se sont totalement transformées en pures institutions civiles; car entre ces deux extrêmes les points intermédiaires sont innombrables, mais ce sont les points les plus extralignés, ou les germes les plus inférieurs qui ont le plus communément produit leurs fruits, parce que plus ces germes descendoient, plus ils trouvoient de terreins préparés à les recevoir.

En même tems ces institutions ont montré l'espèce de source dont elles sortoient, soit par les réglemens bisarres qu'elles prescrivoient, soit par l'emploi d'ingrédiens et de substances dont la correspondance décèle clairement des régions purement naturelles, que presque tous les peuples de la terre ont adorées comme étant divines, vû les mélanges spirituels bons ou mauvais dont elles sont susceptibles.

Il suffira ici, pour que le lecteur instruit fasse les rapprochemens nécessaires, de nommer les cheveux et les ongles qui, par une loi très-instructive, ne sont pas sensibles; la tête de l'homme où les sinuosités du cerveau ou du cervelet ont tant de rapports avec celles de ses intestins; les astres où la mythologie de tous les tems a placé tant d'images et tant d'apothéoses enfantées par le caprice de l'homme; enfin le deutéronome où le peuple Juif, et dans lui tous les peuples peuvent apprendre à se prémunir contre l'idolatrie, car il trouvera là les bâses de relation, le magisme des effluves similaires de nos deux régions temporelles, et l'avertissement de nous garder des Dieux des nations.

Certainement par cette marche inférieure et rétrograde, le principe des ténèbres nous empêche puissamment d'accomplir notre loi, puisqu'au lieu de nous laisser paroître dans notre dénuement et avec notre qualité humiliante d'*Ecce Homo*, il fait qu'avec de simples puissances spirituelles, et avec de simples puissances élémentaires, et même avec de simples puissances figuratives, ou peut-être avec des puissances de réprobation, nous nous croyons revêtus des puissances de Dieu, et jouissans de tous les droits de notre origine.

Car de cette facilité qu'a eu si souvent le principe des ténèbres de trop généraliser les missions partielles, et de les altérer jusqu'à les rendre simplement figuratives, il n'y pas loin à avoir enfanté des missions fausses.

6.

Dans cette classe de missions fausses sont celles qui transposent les époques, et veulent appliquer à des mouvemens politiques de nos tems modernes les diverses prophéties historiques juives qui n'embrassoient que les peuples liés d'intérêt ou de rivalité avec la Judée, selon les plans secrets de la divinité. Ces plans ayant été remplis, les prophéties historiques qui leur servoient d'annonce, ont rendu l'esprit qu'elles avoient, et les Juifs eux-mêmes seront obligés, pour en retirer les fruits qui leur sont encore promis, de monter dans la région supérieure où cet esprit s'est retiré pour les y attendre.

En effet, qu'ils lisent Jérémie, 30 : 24. *Le seigneur ne détournera point sa colère et son indignation, jusqu'à ce qu'il ait exécuté, et qu'il ait accompli toutes les pensées de son cœur, et vous les comprendrez dans le dernier jour.* Qu'ils lisent Isaïe 60 : 18—22. où les consolations et les joies dont ils doivent être comblés sont remise à un tems *où il n'y aura plus de soleil ni de lune, où le soleil ne se couchera plus, et où la lune ne souffrira plus de diminution.* Qu'ils lisent Joel 3 : 1. 2. où *après le re-*

tour des captifs de Juda et de Jérusalem, le seigneur dit qu'il assemblera tous les peuples dans la vallée de Josaphat pour entrer en jugement avec eux : (Expressions qui forcent l'intelligence à s'élever au-dessus d'une vallée terrestre.) Où enfin il dit à ces mêmes Juifs, verset 21. *Je purifierai alors leur sang que je n'aurai point purifié auparavant ; et le Seigneur habitera dans Sion.*

Et sur ces derniers mots rappellons-nous la sentence prononcée par Saint-Paul, 1ère. Cor. 15 : 5o. *La chair et le sang ne sauroient posséder le royaume de Dieu*, et disons par la même raison que le royaume de Dieu ne peut habiter avec la chair et le sang, que par conséquent il faudra que la chair et le sang disparoissent, pour que les prophéties de la paix des Juifs parviennent à leur accomplissement.

Or, si ce seroit défigurer ces prophéties mêmes que de les appliquer au rétablissement de ce peuple dans son royaume terrestre et temporel, combien n'est-ce pas les méconnoître que de vouloir aujourd'hui que ces prophéties s'appliqent aux mouvemens de nos sociétés politiques? C'est les forcer de prendre une extension que l'esprit ne leur avoit point donnée, et c'est en même-tems s'aveugler sur l'état de nos sociétés politiques elles-mêmes, qui ne sont malheureusement que trop délaissées aux simples puissances humaines ; car quels fruits attendre de ces puissances humaines ? *Le royaume de l'homme n'est pas de ce monde*, et l'homme réparateur et notre véritable régulateur ne s'est point occupé de l'ordre politique des royaumes de la terre, mais il les a laissés livrés à toutes les puissances aveugles qui les dirigent, et qui semblent être comme si l'esprit s'en étoit retiré, quoique néanmoins dans leurs mouvemens les plus désordonnés, l'œil de cet esprit ne puisse jamais les perdre de vue.

Ces missions n'en sont pas moins fausses, lors-même qu'elles s'annoncent sous le nom de la vierge humaine, et sous celui d'autres créatures privilégiées. C'étoit assez que par le penchant de l'homme à sanctifier tous ses mouvemens, et à diviniser les objets de ses affections, les simples prières et les simples invocations qu'il a adressées à ces êtres privilégiés, eussent pris dans son esprit un caractère plus élevé et plus imposant.

C'étoit assez pour lui de s'être comme exclusivement reposé sur les secours que ces êtres peuvent en effet nous procurer, lorsque Dieu veut bien nous favoriser assez pour leur permettre de venir le prier avec nous. C'étoit assez d'avoir par-là si souvent transposé son culte avec autant de facilité que d'imprudence, puisque plus il trouvoit dans ces êtres choisis de cette paix, de cette joie et de cet appui dont nous avons tous ici bas un si grand besoin, moins il se sentoit porté à le chercher dans la source même.

Et en effet combien de personnes en priant ces êtres secourables, so surprennent-elles à croire prier la divinité même, et finissent par ne savoir plus comment en faire la différence ? Combien se sont surprises à les adorer en ne croyant faire autre chose que les prier : espèce d'idolatrie qui est d'autant plus dangereuse, qu'elle prend son origine dans notre sensibilité, dans notre amour, et même dans nos vertus, si ce n'est pas dans nos lumières.

Or, c'est alors que le principe des ténèbres, profitant des faux pas que nous fait faire notre sensibilité mal éclairée, nous conduit aisément ensuite dans toutes les autres voies extralignées qui lui sont familières ; c'est alors que sous des noms vénérables, devenus sacrés pour nous, il peut préparer, annoncer et opérer des évènemens et des merveilles tellement combinées que selon les avertissemens qui nous en sont donnés, elles pourroient tromper les élus mêmes.

Et pourquoi s'efforce-t-il de donner à ces noms une influence aussi considérable, et comme des pouvoirs divins, si ce n'est afin de voiler pour nous, autant qu'il lui est possible, le nom du Dieu véritable qui ne lui laisseroit aucun mouvement et qui le tiendroit lié dans ses abîmes ? Car s'il est vrai qu'il y ait des feux qui ne fassent que rassembler des exhalaisons et des nuages, sur lesquels les images de tous les objets peuvent former des reflets apparens, il est encore plus vrai qu'il y a un feu vivant qui opère dans le silence, et qui, toujours caché comme celui de la nature, produit sans cesse les objets mêmes, les montre dans toute la régularité de leurs formes, et fait fuir devant lui toutes les difformités.

Quoique le principe des ténèbres ne puisse, sous les noms qu'il emprunte, opérer que des œuvres illusoires ou inférieures, il a l'art d'y suppléer par l'uniformité de ces œuvres dans un grand nombre de lieux différens, et par une unanimité de doctrine qui, puisée toujours dans notre dangereuse sensibilité, entraîne le cœur par des douceurs séduisantes, et l'esprit par la surprise de cette conformité de mission et de correspondance de faits.

Mais c'est cette uniformité même qui devroit cesser de nous étonner si nous étions moins imprudens. En effet si c'est le même agent qui influe sur ces missions et qui dirige toutes ces merveilles, si dans les unes et les autres il est animé par les mêmes vues qui sont de nous éblouir plutôt que de nous éclairer, et s'il a toujours à opérer en nous sur les mêmes bâses : savoir, notre foiblesse, notre curiosité avide qui prennent si souvent la couleur de nos vrais besoins, il est naturel de reconnoître qu'il doit toujours retirer de-là les mêmes résultats.

Car, quoiqu'il ait dans l'uniformité de ces prophéties et de ces missions, une ressemblance avec les auteurs sacrés, qui tous ont annoncé aussi une seule et même chose; et tenu un seul et même langage, ce n'est pas une preuve qu'il ne puisse nous tromper avec ces apparentes couleurs, et que l'erreur ne puisse, comme la vérité, avoir un langage uuanime et des témoignages uniformes.

Il y a des signes auxquels nous pourrions du moins nous tenir sur nos gardes contre de pareilles embûches : premièremet, c'est de voir les éloges dont les agens de ces diverses missions accablent tous ceux qui y sont appellés, et combien ils leur promettent qu'ils auront tous des rôles brillans à y remplir ; tandis que les vrais prophètes ont été peu loués par l'esprit qui les employoit, et que le réparateur n'a promis à ses apôtres que des outrages, et des supplices.

Secondement, c'est lorsque ces

missions extraordinaires s'éloignent encore plus du caractère que nous présente la mission du réparateur, qui est la seule sur laquelle puissent être modelées toutes les vraies missions. Or, les missions modernes s'éloignent de l'esprit du réparateur, lorsqu'elles *localisent* terrestrement le foyer des grâces divines qu'il a promises aux nations, et auxquelles il n'a fixé aucun lieu, d'après les paroles qu'il a dites à la Samaritaine, Jean 4. *Le tems va venir que vous n'adorerez plus le Père sur cette montagne ni dans Jerusalem.... Le tems vient, et il est déjà venu que les vrais adorateurs adoreront le Père en esprit et en vérité ; car ce sont là les adorateurs que le Père aime.*

Elles s'éloignent de l'esprit du réparateur, lorsqu'elles assujettissent leurs agens à de puériles règles humaines et monacales que le réparateur n'a point instituées, et qui n'étant puisées que dans les établissemens conventionnels ou figuratifs, nous laissent la carrière la plus libre sur l'opinion que nous voudrons prendre du principe caché qui dirige ces missions.

Car si ce n'est pas le principe des ténèbres lui-même qui les dirige, et qui employe ces puériles règles pour étouffer la vraie piété ; il se peut que ce soient des individus déjà sortis de ce monde, qui pendant leur vie terrestre auront été incorporés dans ces établissemens conventionnels ou figuratifs, qui détenus encore dans des régions inférieures, et n'étant point encore montés aux régions de leur parfait renouvellement

renouvellement, peuvent conserver des *relations* terrestres dans l'ordre de la piété inférieure, et ne savent enseigner dans ces *relations* que les doctrines réduites et bornées dans lesquelles ils ont été instruits sur la terre, et dont ils n'ont point encore eu le tems de se laver.

Un troisième signe qui peut tenir en garde contre ces missions extraordinaires, c'est de voir combien les femmes, vû leur sensibilité, sont choisies de préférence aux hommes pour être comme comblées par toutes les glorieuses faveurs que ces missions promettent à leurs agens, et pour régner dans cette espèce d'empire : car Isaïe nous éclaire assez sur ce point quand il reproche au peuple 3 : 12. *de s'être laissé dominer par des femmes.*

Or, pour quelques hommes qui remplissent des rôles dans plusieurs de ces merveilles et de ces manifestations revêtues du nom de la vierge, et de plusieurs autres créatures privilégiées, les femmes s'y livrent en foule, et sont presque par-tout employées pour en être les organes et les missionnaires.

Je ne parle point ici des institutions religieuses, que l'ignorance, la superstition ou la mauvaise foi ont formées sous ces mêmes noms, et dans lesquelles les peuples grossiers sont si souvent entraînés au-delà de la mesure; les torts qu'ils se font par-là ne peuvent se comparer à ceux qui résultent d'un pareil abus dans l'ordre des manifestations.

Pour se convaincre de ces abus,

il suffit ici de jetter un regard sur les principes que nous avons déjà exposés. D'abord, nous sommes appellés à être le signe et le témoin de la divinité, et non point à être le signe et le témoin d'aucun autre être. En outre, les écritures saintes qui sont les fidèles archives de nos titres et de nos destinées nous disent du réparateur, actes 4 : 12. *Il n'y a point de salut par aucun autre, car nul autre nom sous le ciel n'a été donné aux hommes par lequel nous devions être sauvés.*

En vain les partisans de ces noms nouveaux se reposent sur les paroles de ce réparateur lui-même qui dans l'apocalypse, 2 : 17. promet *de donner au victorieux la manne sacrée, et une pierre blanche sur laquelle sera écrit un nom nouveau* que nul ne connît que celui qui le reçoit. Ces paroles même tournent absolument contr'eux; car on n'attend point qu'ils soient victorieux pour leur donner ces noms nouveaux, ce qui prouve que ce n'est point sur ces manifestations-là que tombe la promesse.

En outre, ces noms nouveaux sont connus non-seulement de ceux qui les reçoivent, mais même de ceux qui ne les reçoivent pas, tandis que le nom nouveau promis par le réparateur *n'est connu de nul autre que de celui qui le reçoit.* Ce même réparateur dit, apocalypse 3 : 12. *Quiconque sera victorieux, je ferai de lui une colonne dans le temple de mon Dieu et il n'en sortira plus, et j'écrirai sur lui le nom de mon Dieu, et le nom de la ville de mon Dieu, de la nouvelle Jérusalem qui descend du ciel venant de mon Dieu, et mon nom nouveau.*

Ces promesses annoncent qu'il est encore des faveurs à espérer à l'avenir pour ceux qui auront mis à profit les dons déjà apportés par le réparateur ; elles annoncent par conséquent un accroissement à ce nom libérateur qu'il nous a déjà appris. Or, dès que ces manifestations ne nous donnent pour ce prétendu accroissement que les noms des créatures, elles nous abusent, elles contredisent les vrais principes de notre être, elles injurient les écritures et elles abolissent les promesses, en prétendant faussement les accomplir.

Quant à celles de ces manifestations et de ces missions qui s'annoncent sous le nom du réparateur lui-même, non-seulement elles ne nous donnent point non plus le nom nouveau, mais elles prêtent à ce réparateur un rôle, et un langage auxquels il est plus que probable qu'il ne se reconnoîtroit pas lui-même.

7.

C'est un pouvoir funeste, mais malheureusement trop vrai, celui que possède le principe des ténèbres d'appuyer ainsi ses faussses doctrines et ses manifestations par les divers témoignages des écritures saintes. C'est avec de pareilles armes qu'il osa attaquer l'homme réparateur, et c'est par de pareilles armes qu'il attaque tous ceux qui, à l'exemple des hommes légers et crédules, sont plus soumis aux traditions qu'à la loi, et ne se sont point assez nourris de l'esprit, pour se défendre des pièges de la lettre. C'est par-là qu'il détourne adroitement notre pensée du seul être que nous devons adorer, et du seul nom qui doit nous initier à son culte, pour la faire descendre sur des êtres et des noms inférieurs, dont nous avons d'autant plus de peine à nous détacher, que les fruits qu'ils nous rendent sont plus faciles, et ne nous coûtent le plus souvent que l'adhésion, sans autre examen que le mouvement de notre propre désir.

C'est par-là qu'il nous voile et nous déguise notre titre humiliant d'*Ecce Homo*, en nous disant que les miséricordes du Seigneur deviennent plus abondantes en nous;

en nous annonçant avec quelle facilité ces miséricordes s'étendent par nous, et en exaltant à nos yeux la grandeur de nôtre sainteté et le pouvoir de nos prières.

C'est par-là qu'il augmente notre lenteur à travailler à notre œuvre personnelle, et à notre propre résurrection.

C'est par-là qu'il entretient notre orgueilleuse et ambitieuse cupidité de paroître, et de briller par nos puissances ; c'est par-là qu'il devient *cette véritable servante* qui rend des profits à notre amour propre, comme celle qui louoit Saint-Paul apportoit un grand gain à ses maîtres en devinant. (actes 16 : 16. 17.)

C'est par-là qu'il trompe les

nations, comme il a trompé les Juifs, en leur faisant dire par ses faux prophètes : *la paix, la paix, lorsqu'il n'y avoit point de paix*, comme le leur reprochoit Jérémie, 6 : 14.; enfin c'est par-là qu'il abuse aujourd'hui de la crédulité des hommes, en faisant annoncer par les divers oracles qui s'élèvent de toutes parts, une prétendue régénération terrestre que nombre de personnes regardent comme étant certaine et prochaine.

Les prophètes et les apôtres ont dit que les tems étoient proches et que le règne de Dieu étoit prêt de nous, mais ils parloient d'une proximité d'espace et non pas d'une proximité de tems. D'ailleurs ils ne cessoient de répéter que ces tems et ce règne ne viendroient que pour ceux qui en auroient fait la conquête au prix de leur sang, et ils n'ouvroient aux hommes ces trésors de leurs espérances, qu'après les avoir pressés avec importunité de se livrer au combat avec la plus entière résolution; c'est-à-dire qu'aucun homme ne connoîtroit ces douceurs promises pour le règne prochain, qu'autant qu'il se précipiteroit lui-même courageusement dans le creuset de la régénération, et qu'il en seroit sorti renouvellé.

Enfin le réparateur qui lui-même étoit le royaume ne prêchoit que la pénitence, et ne promettoit la paix aux âmes qu'après qu'elles auroient pris son joug sur elles, tandis que les prophêtes modernes, qui ne sont que des hommes, semblent annoncer la conquête de ce royaume comme si facile, comme si assurée, qu'elle paroîtroit pouvoir se faire, pour ainsi dire, par dispense, par commission, par la simple conquête des lumières, et indépendamment de notre entier sacrifice et des sueurs de tout notre être.

N'est-il pas à craindre que les oracles, qui viennent tous à l'appui les uns des autres aujourd'hui, sur ces grandes promesses, ne soient un piège de ce principe de ténèbres qui, sachant en effet que le règne de la gloire doit venir un jour, a l'adresse de nous rappeller cette vérité pour se faire écouter de nous, mais en même tems appuye foiblement sur les rudes combats qu'il nous faut supporter auparavant, et cela afin de nous empêcher d'arriver à ce même règne glorieux dont il nous parle.

Ne se conduisoit-il pas ainsi du tems de Jérémie? Lamentations 2:15. *Vos prophêtes ont eu pour vous des visions fausses et extravagantes, et ils ne vous découvroient point votre iniquité pour vous exciter à la pénitence, mais ils ont eu pour vous des rêveries pleines de mensonges.* Ne gouvernoit-il pas ainsi les Juifs du tems d'Isaïe selon les reproches que Dieu leur fait par ce prophête 30: 10. d'être des enfans *qui disent à ceux qui ont des yeux : ne voyez point ; et à ceux qui voient : ne regardez point pour nous à ce qui est droit et juste ; dites nous des choses qui nous agréent ; que votre œil voie des erreurs pour nous.*

Non, je ne serois point étonné que toutes ces prophéties d'une prochaine régénération ne fussent une des ruses employées par notre ennemi, pour retarder les hommes dans la carrière. Dieu est prêt de nous, il est vrai ; mais nous, nous sommes malheureusement presque tous loin de Dieu ; et le travail de nous rapprocher de lui est si fatigant que presque personne n'ose l'entreprendre.

Comment notre croyance ne seroit-elle donc pas aisément séduite par notre paresse, lorsque des prophéties nous montrent cette régénération, sous des couleurs moins effrayantes ? Comment l'ennemi qui ne cherche qu'à nous arrêter dans notre chemin, manqueroit-il de donner cette attrayante idée à tous ceux qui sont dans des voies extraordinaires ? Il sait qu'en les remplissant par-là d'une douce espérance, cette jouissance fausse qu'ils reçoivent ainsi par avance, semble leur dire qu'ils en obtiendront la réalité sans fatigue, et sans la rigueur horrible de l'universel dépouillement, c'est-à-dire sans ce terrible, mais salutaire sentiment de notre lamentable état d'*Ecce Homo*? Or avec quelle facilité cette erreur ne doit-elle pas prendre sur notre fragile et nécessiteuse humanité ?

Ce qui vient à l'appui de ce que j'avance, c'est que, pour quelques personnes en qui ces flatteuses promesses raniment le courage et l'activité, il en est nombre pour qui il en résulte le contraire. En effet si la plupart de ceux qui se livrent à cette opinion veulent descendre en eux-mêmes, ils verront que leur enthousiasme repose en partie sur leur paresse intérieure, et sur un secret espoir que cet heureux tems arrivera pour eux d'une manière prompte et facile, et que leur tâche personnelle sera ou diminuée ou secondée par les efforts de tous les élus qui seront admis à cette régénération ; ils reconnoîtront, dis-je, qu'il leur semble être déjà comme emportés par le torrent général, dans cette grande mer, et que l'espérance si séduisante de cette ravissante jouissance, suspend un peu en eux la contemplation des rudes épreuves et des combats terribles, au prix desquels chaque individu doit acheter la victoire, c'est-à-dire, que plus elle leur montre le terme consolant auquel nous pouvons tous aspirer, plus elle leur voile les rudes sentiers qui y doivent conduire, de façon qu'ils se voyent plutôt comme étant déja arrivés, que comme ayant encore les plus horribles déserts à traverser, et les repaires les plus dangéreux à détruire.

Il n'est pas étonnant alors qu'ils soient si remplis de joie en contemplant ces délicieuses perspectives, puisque leur esprit les en fait jouir d'avance, et qu'ils se trouvent en quelque manière, comme s'ils en étoient déja en possession.

Mais s'il est vrai que nous ne puissions obtenir une pareille couronne qu'au prix de notre sueur et de notre sang, il est bien clair que l'esprit qui nous nourrit de semblables promesses est un esprit qui nous abuse, et qui cherche à nous faire sommeiller sur les œuvres douloureuses que nous avons à faire, afin qu'en diminuant ainsi nos travaux et nos services, il nous mette dans le cas de voir aussi diminuer nos récompenses, lorsque le moment du payement sera arrivé; car il n'y a pas de moyen qu'il n'emploie pour opérer cet effet là universellement sur les humains, attendu que plus nous aurons mérité et obtenu de ces récompenses, plus il se trouvera gêné et tourmenté dans ses abymes de privation.

Le règne de mille ans rapporté dans l'Apocalypse ch. 20. est la base sur laquelle s'appuyent tous ceux qui se confient à ces promesses. Ils auroient quelqu'apparence de raison d'après le texte, s'ils savoient s'arrêter au point juste où les limites sont posées dans ce même texe.

L'ange descend du ciel, avec la

clef de l'abyme où il précipite et scelle l'ancien serpent, afin qu'il ne séduise plus les nations, jusqu'à ce que mille ans soient accomplis. En outre, il y a des trônes et des personnes assises dessus, avec la puissance de juger. De plus, les âmes de ceux à qui on a coupé la tête pour avoir rendu témoignage à Jésus, vivront et régneront avec lui pendant mille ans.

Il est clair d'après ces paroles qu'il y a deux régions distinctes où s'accompliront ces diverses promesses; l'une qui est la terre visible laquelle pourra en effet éprouver quelque soulagement dans ses épreuves et dans ses tentations pendant le tems où le serpent sera enchaîné; la seconde, la région spirituelle et invisible à l'homme terrestre, où se trouveront rassemblés les jutes sous leur divin chef, pour exercer ses jugemens sur les morts qui ne seront point encore rentrés dans la vie, et qui n'auront point eu de part à la première résurrection.

Pour cet état de soulagement passager que la terre visible peut éprouver selon la prophétie, il n'est point nécessaire que sa face soit changée ni renouvellée ; il n'est point nécessaire que les cieux soient retournés comme un manteau, parce qu'elle ne sera point rendue à sa pureté primitive, et que malgré l'emprisonnement de son ennemi, les hommes auront encore en eux-mêmes trop de mauvais levain, pour que le royaume de Dieu puisse s'établir parmi eux.

Leur soulagement pourra cependant s'augmenter encore par l'influence de cette assemblée sainte et invisible, qui se tiendra pendant mille ans dans la région supérieure à la leur, et qui d'un côté contiendra l'ennemi dans l'abyme, et de l'autre leur communiquera plus directement les rayons divins sous lesquels elle sera en plein aspect. Mais loin que les hommes profitent de tous ces avantages, ils feront fermenter en eux le mauvais levain, et ne feront par là que se rendre plus coupables et exciter la colère divine, en rendant nuls, ou même en abusant des derniers secours que la miséricorde suprême leur envoyoit.

Quand la mesure sera comble, l'ennemi sera déchaîné pour un peu de tems, il viendra parmi eux faire d'autant plus de ravages qu'ils se seront mis plus en raport avec lui.

Ce sera l'excès de ces désordres qui, faisant déborder les iniquités sur la terre, attirera sur elle le feu du ciel envoyé de Dieu pour en opérer la ruine, chap. 20 : 9. C'est alors que *le grand trône blanc paroîtra*, et qu'à *la vue de celui qui sera assis dessus, la terre et le ciel s'enfuiront et disparoîtront.* 11. C'est alors que *les morts grands et petits comparoîtront pour être jugés sur ce qui sera écrit dans les livres.* 12. C'est alors que *l'enfer, la mort et ceux qui ne seront pas trouvés écrits dans le livre de vie seront jettés dans l'étang de feu qui sera la seconde mort.* 13. 14. 15. C'est alors que *la nouvelle Jérusalem descendra.* 21:1.

Toutes les tribulations antérieures à ces épouvantables désordres de la fin des tems ne sont *que le commen-*

cement des douleurs. Matthieu 24. Aussi elles ne produiront point la destruction du monde visible. Elles seront même une sorte de tentative de l'amour divin envers les hommes pour les engager à la pénitence, par les fléaux qui leur seront envoyés. Ces fléaux seront suspendus ensuite pendant un tems qu'on appelle mille ans, non seulement pour que les hommes puissent travailler sur cette terre à rentrer dans les voyes de la justice, mais aussi en répétition de ce qui s'est passé dans l'histoire universelle spirituelle de l'homme, et de ce qui se passe dans l'ordre de sa vie physique.

Avant le déluge, les nations vivoient en paix, *les hommes prenoient des femmes, et les femmes prenoient des maris*, et cependant toutes les abominations de la race d'Enac avoient dévoré la terre, et y avoient établi le règne du démon, et la colère de Dieu alloit dans un moment les engloutir. Les juifs au sortir des guerres des Antiochus et des Pompée, furent en paix sous Auguste lors de la naissance du sauveur, et pendant le tems de sa mission, quoique leurs Prêtres et leurs Docteurs ne fussent que des instrumens d'iniquité, selon toutes les déclamations des prophètes, et quoique ce même peuple fût prêt d'être exterminé par les Romains.

Quand à l'ordre physique, ne voit-on pas souvent que les douleurs et les souffrances des malades, se suspendent quelques momens avant la mort, soit par l'épuisement de l'action du mal, soit pour donner à l'âme le moyen de se reconnoître et de s'assurer son sort par la pénitence et un sacrifice libre et volontaire. Il est probable même que dans ce moment de suspension des douleurs du mourant, il se fait visiblement au-dessus de lui un petit règne de mille ans, une sorte de jugement ou de confrontation entre son livre de vie, et son livre de mort, lequel jugement peut se regarder par anticipation comme la première mort particulière, en image de cette première mort générale qui sera prononcée en grand lors du véritable règne de mille ans. Et si l'homme particulier échappe à cette première mort préparatoire, il est probable que la seconde mort partièlle qui est la première mort de l'apocalypse n'aura point de prise sur lui.

Les véritables douleurs sont donc celles qui auront lieu lorsque l'ennemi

nemi sera délié, et qu'il viendra ravager la terre jusqu'à ce qu'elle soit détruite, comme nous voyons que dans l'homme physique les angoisses de la mort le saisissent et le détruisent après que l'intervalle de la suspension momentanée a été rempli, et ces douleurs là, au lieu de conduire les hommes coupables au renouvellement d'eux-mêmes, et au règne de la paix, les conduiront sous le glaive du jugement final, qui ne peut avoir lieu qu'après la complette abolition des choses visibles et matérielles; de même que ce n'est qu'après cette complette abolition des choses visibles et matérielles, que les justes obtiendront leur entière délivrance des régions de l'apparence et de la vanité, en imitation du peuple Juif, qui sortit d'Egypte au soleil couchant. Deuteronome. 16 : 6.

F

8.

En appuyant, comme je l'ai fait, sur les précautions à prendre contre les missions extraordinaires de nos tems modernes, je suis bien loin d'inculper en rien les divers agents qui y sont employés. On ne peut, pour la plupart, qu'estimer leur personne, et qu'honorer leurs vertus; et par leur pieux exemple, ils peuvent être plus utiles que nuisibles à ceux qui cherchent à alimenter la vivacité de leur foi plutôt qu'à s'avancer dans les lumières. Mais comme ils peuvent aussi être dangereux pour ceux qui ne s'en tiennent pas à cette sage mesure, j'ai cru de mon devoir de prémunir contre les séduisantes merveilles que ces agents annoncent, et de montrer combien il faut se défier de leurs inspirateurs.

Car indépendamment de ce que nous avons dit de ces inspirations dans le n°. 6, il ne faut pas oublier que la pensée, la parole et les œuvres de l'homme remplissent et rempliront l'Univers jusqu'à la fin des siècles, d'une immensité de produits et de résultats qui conservent un caractère, et qui composent une innombrable quantité de régions diverses où se trouvent les langues, les lumières, les découvertes et les connoissances vraies que les hommes ont pu mettre au jour, mais où se trouvent encore, en plus grande abondance, les illusions, les erreurs et les langues mensongères qui sortent d'eux journellement par tous les pores, et qui doivent tellement accroître autour d'eux les ténèbres, avec le tems, qu'ils finiront par ne pas voir plus clair que les Égyptiens, lors de la délivrance du peuple d'Israël.

Or, à moins que la *clef divine* n'ouvre elle-même l'âme de l'homme, dès l'instant qu'elle sera ouverte par une autre clef, elle va se trouver au milieu de quelques-unes de ces régions, et elle peut involontairement nous en transmettre le langage ; alors quelqu'extraordinaire que nous paroisse ce langage, il se peut qu'il n'en soit pas moins un langage faux et trompeur; bien plus, il peut être un langage vrai sans que ce soit la vérité qui le prononce, et par conséquent sans que les fruits en soient véritablement profitables.

Je crois donc donner un avertissement salutaire à mes frères sur ces objets, en leur disant : Hommes,

mes amis, défiez-vous de ces joies et de ces transports que vous occasionnent les missions de ces êtres favorisés, et sur lesquelles vous vous appuyez avec tant de délices. Car vous n'êtes pas encore sûrs qu'ils vous fassent autant de bien qu'ils vous font de plaisir; vous n'êtes pas sûrs, s'ils appliquent le remède sur les vraies blessures de votre être; vous n'êtes pas sûrs que les jouissances qu'ils vous promettent et qu'ils vous font goûter d'avance ne retardent pas les jouissances durables que vous auriez pu puiser dans votre propre fonds.

D'ailleurs, fussent-ils déjà arrivés au terme de ce repos dont ils vous parlent, vous n'y seriez pas encore rendus pour cela. Bien plus, peut-être seroit-ce une chose funeste, et pour eux et pour vous, que les tems vinssent s'accomplir si promptement et de la manière dont ils l'annoncent, si vous et eux n'aviez eu soin de vous épurer assez auparavant, pour n'avoir rien à redouter de ces terribles catastrophes qui doivent précéder le règne glorieux qu'on vous promet.

J'ose vous le répéter, tenez-vous dans une prudente réserve au milieu des prodiges et des prédictions qui vous environnent ; souvenez-vous de ce que le seigneur disoit par la bouche de Jérémie 23 : 31. 32. *Je viens aux prophètes qui n'ont que de la douceur sur la langue, et qui disent:* voici ce que dit le Seigneur: *Je viens aux prophètes, dit le seigneur, qui ont des visions de mensonge, qui les racontent à mon peuple, et qui le sé-*

duisent par leurs mensonges et par leurs miracles, quoique je ne les aie point envoyés, et que je ne leur aie donné aucun ordre, et qui n'ont aussi servi de rien à ce peuple, dit le Seigneur.

Car pour vous montrer combien les erreurs en ce genre pourront être cuisantes, et combien ces missions fausses, et ces promesses illusoires d'un règne glorieux terrestre vous abusent, apprenez à quel prix l'homme, ici bas, peut obtenir quelques clartés, et faire quelques pas dans sa régénération.

Depuis le péché, chacun des rayons de votre essence divine s'est trouvé comme enchaîné par une des puissances de votre matière; les élémens n'ont cessé depuis lors de circuler autour de vous et de vous envelopper comme d'autant de liens qui s'accumulent et se serrent à mesure que tourne la roue de vos jours. Vos négligences et vos foiblesses postérieures à ce premier crime ont encore rendu ces rayons divins plus ténébreux, et ont augmenté par-là l'horreur de votre prison.

A chacun des actes qui doivent s'opérer en vous, pour vous rapprocher de la région de la lumière, il faut qu'une portion de ces entraves matérielles se déroule péniblement de dessus vous, comme on déroule douloureusement les bandes d'une plaie pour la visiter et la sonder.

Il faut que sur cette portion de vos entraves on voie empreintes les traces de l'espèce de corruption qui vous ronge, et dont vous êtes vous-mêmes infectés.

Il faut qu'alors il se prononce hautement aux yeux de tout ce qui vous contemple, un jugement sévère et rigoureux, et que vous en reconnoissiez humblement la justice.

Il faut que chaque portion de ces entraves qui vous emprisonnent se détache ainsi successivement, et manifeste autant de jugemens contre vous.

Il faut que la longue chaîne de ces entraves et de ces jugemens s'étende ainsi depuis votre être jusqu'à ce séjour de paix dont le crime vous a séparés, car c'est cette chaîne qui en forme la distance.

Il faut que cette longue chaîne demeure présente à votre vûe, afin que vous ayez sans cesse devant vous le tableau redoutable de ce que vous coûtent vos progrès dans la vérité, que vous n'y marchiez plus qu'en tremblant, et que vous avouiez que chacun des pas que vous y faites est indispensablement une douleur et une séparation, puisque votre être n'est composé aujourd'hui que de la science du bien et du mal, et qu'il vous en faut faire le départ et le discernement, ce qui est le vrai sens du deuteronome 16 : 3. *Afin que vous vous souveniez du jour de votre sortie d'Egypte tous les jours de votre vie.*

Enfin, il faut que les entraves matérielles de tous les hommes se déroulent ainsi, et que tous les jugemens qu'ils auront mérités soient découverts et exposés à la face de toutes les régions, afin que toutes les nations, connoissant le poison qui nous infecte, puissent dire avec horreur et mépris en nous voyant : *ecce homo*. Ce n'est qu'alors que le règne glorieux pourra descendre librement jusque dans le cœur de l'homme, ce n'est qu'alors que sans s'abuser, l'homme pourra aspirer à être renouvellé, parce que ce n'est que quand ce titre d'*ecce homo*, et les jugemens qui lui sont dûs seront ainsi inscrits dans toutes les régions de l'univers, que la justice sera entièrement satisfaite.

S'il est vrai que ce qui se passera alors pour l'homme universel doit se passer dès à présent pour chacun de vous en particulier, quel est celui qui pourra donc avancer dans cette carrière ? Vous ne pouvez plus en douter; c'est celui qui n'aura pas mis sa confiance dans les voies abusives des nations, qui sentant en lui-même la dignité de sa propre essence, se tournera exclusivement vers la source d'où il descend, comme étant la seule où il puisse être engendré de nouveau, et qui se défiant de toutes ces espérances qui flattent sa paresse, ou son orgueil, ne se laissera point séduire par toutes les images ou par toutes les œuvres figuratives que l'ignorance et les ténèbres s'efforcent universellement de substituer à la place de celui qui seul est la voie, la vérité, et la vie, et que nul être ne peut remplacer.

Malheur en effet à celui d'entre vous qui se sera laissé attirer par ces images, et par ces œuvres ou figuratives, ou corrompues! Il aura d'autant plus de peine à s'en détacher, qu'en les abandonnant, il y a se trouver d'abord dans une grande disette ; et c'est cette disette que l'homme craint beaucoup plus même qu'une nourriture empoisonnée.

Prenez donc garde que, dès le moment où vous sentirez cette disette, vous ne retourniez bien vîte vers vos faux dieux, et que vous ne disiez comme autrefois le peuple juif disoit à Jérémie 44 : 17. 18. *Nous exécuterons les vœux que nous avons prononcés par notre bouche en sacrifiant à la reine du ciel, et en lui offrant des oblations comme nous l'avons fait, nous et nos pères, nos rois et nos princes, dans les villes de Juda, dans les places de Jérusalem ; car alors nous avons eu tout en abondance, nous avons été heureux, et nous n'avons souffert aucun mal, mais depuis le tems que nous avons cessé de sacrifier à la reine du ciel, et de lui présenter nos offrandes, nous avons été réduits à la dernière indigence, et nous avons été consumés par l'épée et par la famine.*

Si vous cédez ainsi à la paresse de votre cœur, vos joies seront passagères et ne se termineront que par des regrets lamentables sur vos déceptions et sur vos ténèbres. Le même *principe* qui vous aura induits à ces déceptions, vous emmenera en triomphe dans des pays éloignés pour vous y retenir en esclavage *dans une terre qui vous est inconnue comme elle l'a été à vos pères, et vous servirez là jour et nuit des dieux étrangers qui ne vous donneront aucun repos. Jérémie* 16 : 13. Au lieu que selon ce même Jérémie 15 : 19. *Si vous vous étiez tournés vers le* seigneur . . . . . et si vous aviez su distinguer ce qui est précieux de ce qui est vil, vous seriez devenu alors comme la bouche de dieu.

Quand à vous, ministres de la religion sainte, qui avez été appellés à veiller auprès de la véritable arche d'alliance qui est la pensée de l'homme, si vous n'aviez point rempli le poste qui vous est confié, si vous aviez laissé Dieu sous des pavillons et sous des tentes, et que vous ne lui eussiez bâti aucune maison depuis qu'il a tiré d'Egypte les enfans d'Israël, selon les plaintes qu'il en a fait adresser autrefois à David par son prophète Natan. 2e. rois. 7 : 6. ce seroit sur vous que tomberoient bien plus directement encore les menaces dont les prophètes ont cherché à épouvanter les serviteurs infidèles, et les prévaricateurs. Si les missions de l'illusion et des ténèbres doivent avoir des suites si terribles sur les organes séduits qu'elles emploient, et sur les ames qu'elles entrainent, que seroit-ce des missions vraies qui se seroient converties en missions de la cupidité, en missions de la mauvaise foi, en missions du volontaire sacrilège ?

Sans doute, vous ne pouvez trop élever la dignité de votre caractère, puisque, d'après Ezéchiel et Malachie, vous deviez être les anges du seigneur sur la terre, et les sentinelles de son peuple.

Mais d'après les vastes tableaux qui vous ont été offerts, pouvez-vous vous promettre de n'avoir jamais détourné l'intelligence des nations de ses sources les plus instructives et les plus nourrissantes ? de ne l'avoir jamais voulu faire plier sous le joug d'une doctrine humaine et intéressée ? de n'avoir jamais cherché à ne laisser aux nations que la mesure de foi qu'il leur falloit pour venir se placer sous votre propre empire ? de n'avoir jamais dérobé par-là à leurs yeux le sceptre vivificateur que la sagesse éternelle a fait enfanter à la terre, pour être le soleil de tous les peuples ? de n'avoir jamais composé vous même un glaive redoutable avec la houlette de paix qui vous avoit été confiée, pour nous gouverner dans l'amour encore plus que dans la justice ? de n'avoir jamais abandonné le titre de pasteur lorsqu'il falloit instruire vos brebis, et les conduire aux pâturages, et de ne vous en être revêtus que lorsque l'occasion se présentoit de les livrer à la dent meurtrière, ou de les dévorer vous même ?

Etes vous bien persuadés que l'esprit de l'homme doive se contenter de la réponse que vous lui faites, quand il cherche à sçavoir pourquoi vous ne nous montrez plus les dons et les lumières dont ont joui ceux dont vous êtes les successeurs? Vous nous dites que toutes ces choses étoient nécessaires pour l'établissement de l'église, et qu'elles ne le sont plus depuis qu'elle est établie.

Mais les droits de notre être nous mettent dans le cas de vous demander de quelle église vous prétendez parler ; car ce n'est surement pas de celle où l'on a vu substituer à l'esprit conciliateur de l'évangile, la fureur, le sang et le carnage ; ce n'est pas de celle où l'on a vu substituer aux prédications de ces fondateurs à qui *l'esprit enseignoit toutes choses*, des doctrines ténébreuses et contradictoires ; ce n'est pas de celle où à la place de l'esprit du seigneur qui devoit préserver les ames, l'on a laissé l'entrée aux faux prophètes qui les égarent, et aux esprits de Python qui les infectent.

Les droits de notre être nous mettent aussi dans le cas d'observer que vos fondateurs étoient admis à *connoître les mystères du royaume de dieu*, qu'ils guérissoient les maladies, qu'ils opéroient la cêne du seigneur, et qu'ils remettoient les péchés à qui ils devoient être remis.

Or pourquoi de ces quatre pouvoirs n'avez vous conservé que les deux qui sont invisibles, et pour lesquels encore vous demandez une foi aveugle, tandis que vous éloignez sans cesse, des yeux de notre corps et des yeux de notre intelligence, les deux autres dons qui étoient visibles, et qui bien loin d'être superflus pour notre croyance, auroient commandé la foi des peuples ?

Etes vous bien sûrs d'être irréprochables aux yeux des nations en leur disant avec assurance qu'elles s'engraissent dans vos pâturages, tandis que vous leur avez ainsi diminué leurs subsistances ? et même, dans celles des saintes institutions que vous avez conservées, n'avez vous jamais donné le moyen pour le terme, des formes pour le moyen, et des traditions pour la loi, comme le réparateur le reprochoit aux docteurs juifs. *Mathieu 15 ?* Ne craignez-vous point de faire ainsi sommeiller les nations dans un repos apathique, et d'avoir travaillé peut-être à démolir vous même cette église que vous nous annoncez comme étant si bien établie ?

Oui, elle est établie cette église; malgré les dommages qu'elle a pu souffrir, sans quoi, il n'y auroit point de médiation entre l'amour suprême, et les crimes de la terre ; elle est établie cette église, et les portes de l'homme ni les portes de l'enfer ne prévaudront jamais contre elle ; elle est établie cette église, mais c'est pour déposer un jour contre ceux de ses ministres qui ne lui auront point été fidèles, pour leur servir de jugement et de condamnation quand elle se plaindra devant le souverain tribunal, des injures qu'ils lui auront faites en changeant ses habits de gloire contre des habits de deuil et d'indigence ; comme elle aura plaidé ici bas la cause de l'amour, l'amour lui-même plaidera à son tour la cause de cette église devant le juge éternel dont-ils auront provoqué les redoutables justices, et songez combien elles seront terribles ces justices, puisqu'elles seront les justices de l'amour outragé, et blessé jusque dans ses miséricordes.

Si ces jugemens à venir vous effraient, si par malheur vous avez à vous faire quelques-uns de ces reproches dont vous venez de voir l'énumération, rentrez au plutôt dans les sentiers de votre sublime ministère, et prévenez ces terribles justices dont sont menacés les apôtres de mensonge, qui se sont si souvent assis dans la chaire de la vérité. C'est à eux que s'adressoit David ps. 93 : 20. *Le trône a t-il été pour vous associé à l'iniquité, vous qui vous servez de l'autorité qui vous a été confiée pour exercer des injustices.* C'est à eux que s'adressoit Sophonie en parlant des crimes de Jérusalem 3: 3. *ses princes sont au milieu d'elle comme des lions rugissants ; ses juges sont comme des loups qui dévorent les os jusqu'à la moëlle.*

Comment ces ministres trompeurs sont-ils parvenus à ces injustices? Le voici. Ils ont commencé par fermer les yeux sur la sainteté de notre propre nature qui nous appelloit à être les signes et les témoins du dieu de paix dans l'univers. Ils les ont fermés encore plus sur ce ce terrible arrêt qui embrasse toute la famille humaine dans cet humiliant caractère d'*ecce homo*. Et dès lors ils n'ont plus apperçu ce fleuve de l'amour, sur lequel leur ministère les établissoit pour désaltérer les nations.

Leur intelligence obscurcie n'a plus reconnu les confirmations de ces vérités qui sont tracées à toutes les lignes des écritures saintes, et ne pouvant point expliquer ces écritures par la vraie et seule clef qui leur convienne, ils se sont efforcés de les expliquer d'abord par la fausse clef de leurs ignorances, puis par celle de leurs cupidités, puis par celle de leurs fureurs.

C'est

C'est alors qu'ils se sont rendus les exterminateurs de nos intelligences, et que selon Isaïe 5 : 20. *Ils ont donné au mal le nom de bien, au bien le nom de mal, aux ténèbres le nom de la lumière, à la lumière le nom de ténèbres, et qu'ils ont fait passer pour doux ce qui est amer, et pour amer ce qui est doux.* Eux qui, selon le même prophète 5 : 18., *se servent du mensonge, comme de cordes, pour traîner une longue suite d'iniquités, et qui tirent après eux le péché comme les traits emportent le chariot.* Eux qui 3 : 12. *sont les exacteurs qui ont dépouillé le peuple . . . . qui l'ont séduit en le disant bienheureux, et qui rompent les chemins par où il devoit marcher.*

En vain voudront-ils, dit Jérémie 2 : 32., *justifier leur conduite pour rentrer en grace avec le Seigneur, puisqu'ils ont eux-mêmes enseigné aux autres le mal qu'ils ont fait, et qu'on a trouvé dans leurs mains le sang des ames qu'ils ont assassinées.* C'est-à-dire, qu'ils ont attaqué la vérité jusques dans son sanctuaire qui est la pensée de l'homme, et le véritable dépôt dont ils doivent répondre.

9.

Pour vous, hommes de paix, hommes de desir, ne vous découragez point. Il existe encore parmi les ministres de notre Dieu, des hommes qui suivent eux-mêmes les traces des vrais prophêtes, la sainte charité de notre maître, et les lumières de ses disciples. Attachez-vous à ces hommes choisis et assez heureux pour avoir fidelement répondu à leur élection; ils vous ameneront par les humbles sentiers de l'*Ecce Homo* au terme de votre régénération, qui est celui de votre destination primitive.

Loin de vous conduire par les voies du despostime et de la tyrannie, ils vous diront que nous avons tous un agneau pour maître, et que ce ne sera que quand nous nous serons rendus des agneaux comme lui, qu'il nous reconnoîtra pour ses disciples et pour ses frères.

Loin de creuser devant vous des précipices de ténèbres et d'ignorance, ils vous diront que l'ame de l'homme est faite pour embrasser dans sa pensée toutes les œuvres que le principe des choses a laissé sortir hors de son sein; car s'il est vrai que l'homme doive être le témoin universel de Dieu, comment pourroit-il être ce témoin, s'il lui étoit impossible d'avoir la connoissance et la vue de tous les faits, et de toutes les réalités en faveur desquelles il est chargé de déposer.

Loin de vous laisser sommeiller dans une funeste léthargie, et de vous montrer comme étant si facile l'acplissement de votre haute destination, ils vous diront que vous ne pourrez être en effet les témoins de votre Dieu qu'autant que vous serez *véridiques, vérifiés et dans la justice*, et ils vous citeront en exemple les simples tribunaux humains où on fait jurer aux témoins de dire vérité, mais où on ne reçoit point pour témoins des gens diffamés ; instruction simple, mais profonde, qui peut aggrandir votre vue, et sur votre nature primitive, et sur l'étendue de vos devoirs.

Loin de vous peindre comme étant si aisée la régénération de l'homme, ils vous diront que vous ne l'obtiendrez jamais qu'en faisant manger chaque jour à votre esprit son pain d'affliction, comme les Israëlites mangeoient le pain azime pour se préparer à leurs solemnités, et comme l'enseigne cette recommandation faite aux premiers chrétiens, 1re. corinth. 11 : 26. *Toutes les fois que vous mangerez de ce pain, et que vous boirez de cette coupe, vous annoncerez la mort du Seigneur jusqu'à ce qu'il vienne.*

Ils vous diront que dans notre intérieur le plus profond, il y a un homme extérieur bien plus dangereux pour nous, et bien plus difficile à réduire encore que l'homme matériel et visible, ils vous diront que vous n'avancerez jamais dans cette carrière de votre régénération, qu'autant que vous vous sentirez remplis d'indignation contre cet homme extérieur, au lieu de murmurer contre vos semblables.

Car Il faut ici vous-exposer une vérité neuve, utile et fondamentale, c'est que si les hommes remontoient chacun au principe de leur conduite et de leurs murmures les uns envers les autres, il n'y a pas un seul des torts qu'ils reprochent à leurs semblables, dont ils ne se trouvassent être les premiers auteurs.

En effet quel est l'homme qui n'a pas une imprudence à se reprocher envers les personnes qui l'environnent ? Qui peut dire ensuite que cette imprudence n'est pas comme la source de tous les égaremens de ceux dont il se plaint, et de toutes les injustices qu'il en reçoit ? D'ailleurs quel est celui de nous qui, vis-à-vis de soi-même, ait été irréprochable dans tous les genres, qui ait rempli tellement la mesure des dons qui lui étoient accordés et des devoirs qui lui étoient imposés, qu'il puisse surmonter tous les obstacles, manifester les vertus divines, et être assez lié à son principe pour en être sans cesse le juste et puissant instrument ? Cependant si nous n'en sommes pas parvenus à ce point-là, nous ne devons pas reprocher aux autres hommes ce qui leur manque, puisque c'étoit à nous à le leur procurer par le développement de toutes les facultés de notre être.

Bien plus encore, si c'est la négligence ou les cupidités qui ont été le principe des divers actes de notre conduite, devons-nous nous en imputer les suites. Or, comme ces maux sont à peu-près universels parmi les hommes, au lieu de déclamer contre les injustices, les inconséquences, et les fâcheux procédés de nos semblables, nous devrions nous frapper journellement la poitrine, nous demander mutuellement pardon, et avouer publiquement les uns et les autres que la source de tous les torts dont nous nous plaignons nous doit être attribuée; de façon que pour rentrer dans l'ordre de la justice et de la vérité, il faudroit que toutes les paroles de tous les individus qui composent le genre humain ne fussent qu'une continuelle confession générale. *Confessez vos péchés les uns aux autres*, disoit Saint-Jacques 5 : 16.

Loin de vouloir vous soumettre à leurs propres opinions, les vrais ministres de Dieu qui existent encore marcheront toujours dans une grande défiance d'eux-mêmes, pour ne laisser briller que le seul flambeau qui doit nous guider tous. Ils prendront pour exemple le prince des apôtres qui, malgré qu'il eût entendu lui-même ce qui fut dit au réparateur sur la sainte montagne : *voici mon fils bien-aimé en qui j'ai mis toute mon affection, écoutez-le*, ne vouloit point qu'on se reposât exclusivement sur les instructions qu'il communiquoit, et ne craignoit point d'ajouter 2e. ép. 1 : 19. 20. *Mais nous avons les oracles des prophètes dont la certitude est plus affermie, auxquels vous faites bien de vous arrêter comme à une lampe qui luit dans l'obscurité, jusqu'à ce que le jour commence à paroître, et que l'étoile du matin se lève dans vos cœurs, étant persuadé avant toutes choses, que nulle prophétie de l'écriture ne s'explique par une interprétation particulière.*]

Par-là ils vous tiendront en garde contre toutes ces élections extraordinaires, où des agens particuliers se présentent comme nécessaires au salut des ames, et au renouvellement de la terre, et nous voilent ainsi la face du seul agent que nous devions suivre, puisqu'il a lui-même tout consommé, et puisque toutes les prophéties de régénération sont expirées en Jesus-Christ, et qu'il ne reste plus à accomplir que les prophéties de jugement, c'est-à-dire les prophéties de récompense ou de condamnation.

Loin de vous promettre une paix assurée, lorsqu'après votre délivrance corporelle vous serez appellés à ce jugement, ils vous diront que si vous avez manqué autrefois de témoigner en faveur de notre origine, ou de notre primitive révélation, laquelle eût éclairé plus divinement les êtres égarés, que les révélations de la nature et de l'esprit, vous n'en avez été que d'autant plus dans l'obligation de témoigner en faveur de toutes les autres alliances que l'amour et la miséricorde n'ont cessé depuis le premier crime, de vouloir former avec vous, pour vous offrir la traduction fidèle de ce texte originel que vous ne pouviez plus lire.

Ils vous diront que c'est sur ces alliances là que vous serez jugés, parce que ces diverses alliances postérieures ont aussi leurs témoins, et que l'objet du témoin et du témoignage est la punition de tous ceux qui se trouveront légitimement inculpés.

Voilà pourquoi l'apparition de Moyse et d'Elie sur le Tabor est d'une si grande importance, et ajoute si fort à la juste condamnation des Juifs. Car ces deux prophètes venoient déposer sur deux faits dont ils avoient été les témoins oculaires, savoir : Moyse pour la publication de la loi, et la promesse que le peuple avoit faite de s'y conformer ; et Elie pour les prévarications de ce peuple infidèle, et pour les faveurs qu'il étoit venu apporter de la part du ciel à ce même peuple dans sa détresse.

A la fin des tems ces deux prophêtes reviendront encore, et se tiendront à côté du grand juge. Là, ils porteront alors chacun un double témoignage, savoir celui de la promulgation de la première, et de la seconde loi, ou des deux alliances, et celui de l'abus que les hommes en auront fait. Or comment les Juifs et tous les autres hommes pourront-ils résister à la double déposition de ces deux témoins ?

Les hommes auront en outre contre eux les témoignages de tous les types de la nature qui se seront accomplis sans qu'ils en ayent profité, et qui leur montreront physiquement toutes les merveilles qui transpirent continuellement au-travers de ce magnifique phénomène. Ils auront contre eux les abondantes végétations que les écritures saintes auront faites dans l'ame des justes, qui les auront écoutées, méditées et suivies ; car l'écriture sainte est une semence sacrée, que Dieu a jettée dans la terre de l'homme qui est son ame, et dont la sagesse attend chaque jour une moisson dont elle puisse se nourrir. Or la faim de cette sagesse augmentant sans cesse en proportion de la disette où la retient la négligence de l'homme, elle rejettera lors de la fin des tems celui qui n'aura pas su la substanter, et elle se servira contre lui du témoignage de la moisson que l'ame des justes lui aura fournie.

De plus, les hommes auront contre eux les témoignages de leurs propres iniquités, et de leurs moissons d'illusions et de mensonges, de façon que tout ce qui devoit les soutenir sera employé à leur condamnation, soit ce qui viendra d'eux, soit ce qui viendra de la nature, soit ce qui viendra des deux alliances, soit ce qui viendra de la moisson des justes; et il n'y a pas un homme en particulier à qui ces terribles vérités ne puissent s'adresser, parce qu'il n'y en a pas un en qui elles ne puissent se réaliser.

Eveillez-vous donc, hommes imprudents et insouciants, tremblez et priez pour que vous ne soyez pas surpris par les dépositions de tant de témoins, et par les justes réclamations de la sagesse lors de la moisson. Car si l'on prononce alors sur vous ce terrible *Ecce Homo*, ce ne sera plus pour vous ouvrir la la porte de la pénitence, puisque cette porte a déjà été ouverte par celui qui est venu porter lui-même ce nom là pour vous ; mais ce sera pour vous enfoncer sous le poids d'un sévère jugement, dans la profondeur de l'abîme.

S'il n'y a pas un homme en particulier en qui toutes ces importantes vérités ne puissent se réaliser, persuadez vous donc, hommes de paix, hommes de desir, que tout homme est né pour être un témoin de tous ces hauts faits que l'éternelle sagesse n'a cessé d'opérer en faveur de cet homme chéri qui est son image. Persuadez-vous que chacun de nous devroit offrir un témoignage actif des dons et des faveurs que cette sagesse verse continuellement sur la terre, et que nous devrions déposer activement et physiquement en faveur de toutes les alliances qu'elle a faites avec nous depuis l'origine des choses.

Ne perdons pas un moment pour accomplir cette importante tâche. Frémissons de crainte de sortir de ce bas monde avant d'avoir été réellement les témoins des alliances saintes qui attendent notre déposition et notre témoignage effectif et démonstratif. Frémissons de crainte de n'en avoir pas rempli les conditions, comme nous l'aurions pu, avant de paroître devant ce tribunal supérieur, où l'on tient un état si fidel de tous ces témoignages qui auront été rendus à cette continuelle et imperturbable munificence de notre Dieu. Ne cessons de considérer que, quand autrefois nous sommes descendus de notre sublime poste, nous avons attiré tout avec nous dans nos funestes et illusoires apparences, et que par conséquent nous sommes toujours à même de tout retrouver, si nous entrons dans les voies qui nous ont suivis dans notre chûte, et qui ne cessent de se placer au devant de nous.

Car ce n'étoit point assez que l'homme réparateur eût porté pour nous aux yeux des nations le titre humiliant *d'Ecce Homo*; ce n'étoit point assez que tous ces trésors de lumière et de vertus qu'il avoit ouverts aux hommes par ses instructions et par son exemple; il n'eût conduit que jusqu'à la moitié du terme le grand objet de notre régération, s'il n'eût agi que sur cette surface terrestre où nous habitons, et que dans les liens de sa forme matérielle.

Mais quand après avoir laissé immoler cette forme, qui est le vrai signe de notre réprobation, et cette véritable peau de bête dont fut couvert Adam prévaricateur, il se fut élevé dans les régions supérieures, environné d'une forme pure; quand du sein de cette forme ainsi sanctifiée, il eut confirmé l'élection de ses apôtres, qu'il les eut chargés de paître ses brebis, et de répandre la bonne nouvelle; quand enfin il leur eut envoyé du haut de son trône céleste l'esprit saint qui devoit *leur apprendre toutes choses*, et que cette prédiction se fut vérifiée par le don des langues, alors il ne manquoit plus rien au tableau de l'histoire universelle de l'homme, que ce divin réparateur étoit venu exposer à nos yeux.

Hommes, mes frères, si vous pouvez lire ainsi dans ce réparateur l'histoire universelle de l'homme, quel autre agent peut donc désormais vous rien apprendre ? où pouvez-vous puiser quelqu'instruction que cette source ne vous ait pas présentée? Oui, après nous avoir montré dans sa personne l'exécution de cet arrêt rigoureux qui nous condamnoit à porter ignominieusement, mais humblement le titre *d'Ecce Homo*, il a achevé complètement son œuvre en nous fesant voir que si nous suivons ses traces et les sentiers qu'il nous a ouverts, nous devons être sûrs de remonter un jour vers les régions de la lumière ; et qu'on dira de nous glorieusement à notre arrivée dans les cercles supérieurs, ce qu'on en a dit dans notre origine : *Ecce Homo*, voilà l'homme, voilà l'image et la ressemblance de notre Dieu, voilà le signe et le témoin du principe éternel des êtres, voilà la manifestation vivante de l'universel axiôme.

F I N.

ERRATA.

Pag. 68. lig. 8. soit, *lisez* ou.
Pag. 76. lig. 1. soin, *lisez* besoin.

www.ingramcontent.com/pod-product-compliance
Lightning Source LLC
Chambersburg PA
CBHW071734110426
42739CB00043B/2319